DES PROCÈS

DE CHASSE

PAR

LUCIEN JULLEMIER

Avocat à la Cour d'appel de Paris, Docteur en droit

PARIS

E. LACHAUD, ÉDITEUR

4, PLACE DU THÉATRE-FRANÇAIS, 4

1872

DES PROCÈS

DE CHASSE

DES PROCÈS

DE CHASSE

PAR

LUCIEN JULLEMIER

Docteur en droit,
Avocat à la Cour d'appel de Paris

PARIS

E. LACHAUD, ÉDITEUR

4, PLACE DU THÉATRE-FRANÇAIS, 4

1872

TABLE DES MATIÈRES

PRÉFACE

Notre intention n'est pas d'écrire un traité du droit de chasse, et de nous adresser aux jurisconsultes; c'est pour les chasseurs que nous écrivons, et nous aurons atteint le but que nous nous sommes proposé, si ceux d'entre eux qui ignorent la loi peuvent trouver dans ce livre la solution des principales questions ayant trait à notre matière.

On a beaucoup critiqué la loi du 3 mai 1844 sur la police de la chasse; on a proposé d'y apporter bien des réformes, mais le lecteur pourra se convaincre que ces réformes ne sont pas nécessaires et que la loi que nous allons interpréter, bien comprise, et sévèrement appliquée, suffit à assurer la répression du braconnage et la conservation du gibier.

Ce qu'il importe surtout de faire connaître, c'est l'état de la jurisprudence. Nous combattrons quelquefois, dans le cours de cet ouvrage, les arrêts des cours d'appel et de la Cour de cassation; mais quand une question aura été nettement tranchée dans un sens opposé au nôtre, nous aurons soin de rappeler que notre opinion nous est personnelle, et qu'il serait imprudent de s'exposer, pour l'amour du droit, à une condamnation presque certaine.

Les arrêts de la Cour de cassation ont pour ainsi dire force de loi : les solutions qu'elle donne sur les différents points de droit soumis à son appréciation servent presque toujours de guide aux tribunaux et cours d'appel.

Nous résumerons donc sa jurisprudence; nous lui adresserons quelques critiques, mais sans manquer de la faire connaître.

D'excellents ouvrages ont paru sur le droit de chasse; parmi les plus récents citons ceux de M. Sorel et de M. Villequez, qui traitent avec beaucoup de science quelques questions spéciales; celui de MM. Giraudeau et Lelièvre, qui fournit des indications très-précieuses et donne une nomenclature fort complète des arrêts rendus jusqu'en 1868; nous y renvoyons ceux de nos lecteurs qui désirent se livrer à une étude plus approfondie, notre ambition se bornant à instruire le chasseur des principes généraux du droit qu'il a tant d'intérêt à connaître.

Juillet 1872.

DES PROCÈS

DE CHASSE

I

DU DROIT DE CHASSE SOUS L'EMPIRE DE NOTRE LÉGISLATION

La chasse n'est plus aujourd'hui le privilége d'une classe de la société; tout Français, s'il n'est dans un des cas où la loi lui refuse expressément ce droit, peut chasser en se conformant aux lois et règlements.

Les ordonnances de 1396 et de 1515 prononçaient des peines très-sévères contre le roturier qui usurpait ce droit réservé au seigneur; si le délit était commis dans une forêt royale, le délinquant était battu de verges sous la porte de la prison; en cas de récidive on l'envoyait aux galères, et si après son retour il se montrait incorrigible, on devait lui infliger le dernier supplice.

Pothier nous apprend cependant que la chasse n'était

pas interdite au bourgeois vivant de ses possessions et rentes.

Une ordonnance des eaux et forêts du 13 août 1669 personnifie l'esprit de domination de Louis XIV, aussi bien que ces paroles célèbres : « L'État c'est moi. » Le droit de chasse, sous l'empire de cette ordonnance, appartient au roi seul ; il octroie aux seigneurs la permission de chasser sur leurs propres terres, pourvu que ces terres soient assez éloignées des forêts royales ; interdit de toute façon la chasse aux roturiers, même aux bourgeois vivant de leurs possessions et rentes, et ne fait d'exception qu'en faveur du possesseur de fiefs.

Toute cette législation devait forcément être renversée par les principes égalitaires de 1789. Dans la mémorable séance du 4 août, la noblesse abandonna ce privilège avec tant d'autres, et le 11 août 1789 parut le décret relatif aux droits de chasse.

Alors, chacun put chasser sur ses possessions, sauf à se conformer aux lois de police qui pourraient être faites relativement à la sûreté publique.

Comme toutes les réactions et tous les changements qui n'ont pas été préparés, cette mesure par trop libérale engendra des abus. Du mois d'août 1789 au 30 avril 1790, la chasse, n'étant pas réglementée, fut une occasion de désordres. Le principe en lui-même était excellent ; mais, dans l'intérêt de tous, il était indispensable qu'une loi de police intervînt.

La loi de 1790 déclara la chasse close du 30 avril

au 1er septembre, punit d'une amende de 20 livres la chasse en temps prohibé, et d'une amende de 30 livres la chasse sur le terrain d'autrui. De 1790 à 1844, on vit paraître de nombreux décrets, ordonnances et règlements visant des cas spéciaux, mais les principes fondamentaux restaient les mêmes ; ils étaient impuissants à réprimer le braconnage et, si l'on n'y eût pris garde, avec le morcellement de la propriété, le bien-être croissant des populations rurales et le perfectionnement des armes à feu, le gibier, déjà trop rare en France, aurait presque complétement disparu.

C'est la loi du 30 mars 1844 qui nous régit aujourd'hui en matière de chasse, loi que nous allons nous efforcer d'interpréter conformément aux tendances de la jurisprudence.

Dans les chapitres suivants, nous examinerons tout ce qui peut intéresser le chasseur, au point de vue du droit; mais, pour bien comprendre ce qui sera dit dans la suite, il faut avoir une notion exacte du pur droit auquel les tribunaux ont souvent recours, et rompre avec les préjugés dont sont imbus la plupart des gens du monde. — De tous ces préjugés, le plus répandu est assurément celui qui fait du gibier la propriété de la personne sur le terrain de laquelle il se trouve. Si l'on veut se rendre un compte bien exact de la nature des droits du chasseur sur le gibier, on peut se reporter aux savants ouvrages de M. Villequez et de M. Sorel, le cadre de notre sujet ne nous permettant pas d'entrer dans de longs détails.

Le gibier n'appartient à personne, pas plus au propriétaire du champ ou du bois dans lequel il séjourne qu'au voisin, qu'aux étrangers. Si le gibier qui vit sur mes terres était ma propriété, celui qui viendrait le tuer et l'emporter commettrait un vol à mon préjudice; il tomberait sous le coup de l'article 401 du Code pénal, et devrait être condamné, à moins de circonstances atténuantes, à un an de prison au moins; à cinq ans au plus.

Le gibier, suivant les principes rigoureux du droit civil, est la propriété de celui qui le tue, en quelque lieu qu'il ait été tué : j'ai tué un perdreau sur le terrain d'autrui, terrain chargé de récoltes; je suis en état de récidive, le délit que j'ai commis est très-grave, je serai condamné à une forte amende, à la prison peut-être et à des dommages-intérêts, mais le perdreau m'appartient.

Tous les auteurs s'accordent sur ce point; un seul, M. Chardon, a émis un avis contraire, se fondant, pour renverser le principe de droit, sur cet adage : « Personne ne peut s'enrichir de son délit; » et cette faible argumentation semble avoir convaincu la Cour de cassation, qui motive ainsi son arrêt du 22 juin 1843 : « Considérant que le propriétaire a droit à la propriété de tout animal tué dans sa forêt. »

Mais cet arrêt n'est pas assez topique et ne se rapporte pas assez directement à la question pour entraîner notre conviction, et d'ailleurs, la Cour de cassation elle-même qui, dans un arrêt du 18 août 1840, avait adopté le système de la doctrine, y a fait retour dans son arrêt du 28 avril 1862.

Puisque le gibier n'appartient à personne, et qu'il est incontestable que je ne puis poursuivre comme voleur celui qui vient sur ma propriété pour y chasser, comment puis-je atteindre celui qui chasse chez moi sans mon autorisation?

Le poursuivrai-je, parce que, maître de mon bien, je puis l'empêcher de passer sur mes terres? ce serait dérisoire; parce qu'il aura causé quelque dégât à mes récoltes? mais, le plus souvent, aucun dégât n'aura été occasionné, et si, par hasard, quelques luzernes avaient été foulées aux pieds, quelques sarrasins un peu égrenés, cette légère contravention serait de la compétence du juge de paix.

Il a donc fallu, pour motiver des poursuites correctionnelles, créer un délit d'une espèce particulière. Voici, en substance, le système de notre loi; elle dit au propriétaire ou au locataire du droit de chasse : « Vous n'êtes pas propriétaire du gibier qui erre dans vos champs et dans vos bois, mais vous avez sur ce gibier un droit éventuel, un droit de garde; tant qu'il reste chez vous, vous pouvez empêcher qu'on ne vienne le tuer ou le prendre, et si quelqu'un contrevient à la prohibition que j'établis en votre faveur, poursuivez-le devant les tribunaux correctionnels, en vertu de ce droit spécial que je vous donne. »

Chacun peut donc chasser sur ses terres et sur les

terres de celui qui lui en a donné l'autorisation. Mais comme le gibier aurait été bientôt détruit complétement si ce droit eût été illimité, la loi en a réglementé l'usage, elle interdit à tous la chasse pendant le temps où le gibier se reproduit et où la terre est couverte de récoltes, et diminue par une mesure fiscale le nombre des chasseurs, interdisant l'exercice de ce droit naturel à celui qui n'aurait pas payé une certaine redevance.

Nous verrons plus tard avec plus de détails que la formalité du permis de chasse n'est pas exclusivement fiscale.

La loi sur la chasse est une loi de police ; elle n'a d'ailleurs pas pris un autre titre ; mais les contraventions à cette loi ne seront pas jugées par un tribunal de simple police ; elles le seront par un tribunal correctionnel et s'appelleront « délits de chasse. »

Voici un point très-important et qui a soulevé une grande difficulté. Les contraventions de simple police et les délits correctionnels diffèrent essentiellement en ce que l'intention nécessaire à l'existence du délit n'est pas nécessaire à l'existence de la contravention. De là la question : Les délits de chasse doivent-ils être assimilés aux délits ordinaires, ou rentrer dans la classe des contraventions ? Si on les assimile aux délits ordinaires, il n'y aura de condamnation prononcée qu'autant qu'il sera établi que le contrevenant a eu l'intention de se mettre en faute. Si on les assimile aux contraventions, on ne tiendra compte que du fait sans se préoccuper de l'intention. Un exemple fera mieux comprendre ma pensée :

On me trouve chassant sur un terrain qui ne m'appartient pas ; le garde me dresse procès-verbal ; il est établi que j'étais dans l'erreur, persuadé que ce terrain appartenait à un ami qui m'avait permis d'y chasser. Si l'on range les délits de chasse dans la catégorie des délits ordinaires, on ne peut prononcer contre moi de condamnation correctionnelle; si l'on range, au contraire, les délits de chasse dans la classe des contraventions, le fait que j'ignorais être en faute pourra peut-être me faire infliger par le juge le minimum de la condamnation, mais ne saurait suffire à motiver mon acquittement.

Cette explication montre la gravité de la question qui peut être soulevée dans tous les procès de chasse. Malgré son importance considérable, cette question n'a pas été nettement tranchée à la Chambre des députés lors de la discussion générale. La commission, son rapporteur, le garde des sceaux et la majorité de la Chambre, semblent avoir écarté l'intention et assimilé les délits de chasse aux contraventions ; mais il est regrettable qu'un article formel n'ait pas tranché définitivement le débat.

Quoi qu'il en soit, il est de jurisprudence constante, et ce système est suivi par la Cour de cassation, que l'intention n'est pas un élément constitutif du délit de chasse, et que le juge ne peut l'apprécier que pour graduer la peine entre le maximum et le minimum.

Quelques auteurs ont prétendu qu'en matière de chasse le délit ne pouvait jamais résulter que d'un fait personnel et direct, et que, par conséquent, aucun fait de complicité ne saurait fonder une action correctionnelle ; mais la Cour de cassation, dans un arrêt du 6 décembre, 1839 a admis en principe que la complicité pouvait exister.

Nous reviendrons avec plus de détails sur ce point, lorsque nous traiterons de l'application de la peine et de la solidarité entre les délinquants.

Nous nous sommes efforcé de résumer le plus succinctement possible l'esprit de la loi. Le chasseur qui veut tirer quelque profit de ce qui va être exposé dans la suite doit commencer par bien se pénétrer de ces notions premières : 1° que le gibier est une *res nullius*, appartenant, en quelque lieu qu'il soit pris, au premier occupant ; 2° que la loi sur la chasse n'est qu'une loi de police et laisse subsister les principes généraux du Code civil ; 3° que l'intention n'est pas un élément constitutif du délit de chasse, et qu'un jugement se fondant sur un manque d'intention pour prononcer un acquittement, serait inévitablement cassé en cas de pourvoi, soit de la part du ministère public, soit de celle de la partie civile.

II

QUELS FAITS SONT RÉPUTÉS FAITS DE CHASSE

Un point doit d'abord nous préoccuper : Qu'est-ce que chasser? Ou, en d'autres termes, qu'est-ce qu'un fait de chasse, quel acte le constitue et oblige, par suite, celui qui l'accomplit à se conformer aux lois sur la matière? Rien de plus simple en apparence. Chasser, nous dira-t-on, c'est chasser; cela va de soi. Rien cependant, en réalité, de plus délicat, de plus difficile à définir; et les décisions nombreuses, quelquefois contradictoires, que les tribunaux ont été appelés à rendre sur ce sujet, en sont la preuve. Pensiez-vous chasser, lorsque vous envoyiez un coup de fusil à la pie bavarde qui agassait dans votre avenue? Pensiez-vous que votre petit garçon chassait, lorsque, armé d'une carabine de salon, il faisait siffler un plomb inoffensif aux oreilles du rouge-gorge ou de la bergeronnette? Chasse-t-il, le gamin de Paris, qui, avec une sarbacane, lance des balles de terre glaise aux moineaux de nos rues? Autant de faits de chasse, cependant. La jurisprudence l'a décidé, irrévocablement décidé Définissons donc ainsi le fait de chasse : L'acte qui consiste à chercher ou à poursuivre tout animal non domestique, dans le but de s'en emparer, quel que soit le procédé mis en usage pour y parvenir.

Partant de cette définition, doit-on décider que celui qui parcourt les champs avant que la chasse ne soit ouverte, accompagné de son chien qui quête devant lui, dans le but, soit de reconnaître la demeure des compagnies de perdreaux, soit d'exercer son futur auxiliaire, accomplit un fait de chasse? La Cour de Douai, appelée à statuer sur ce point, par un arrêt du 28 décembre 1852, se fondant sur ce « que la chasse est l'action, non-seulement de rechercher le gibier, mais aussi de le poursuivre pour le tuer ou le prendre vivant, » déclara qu'il n'y avait point là fait de chasse. La Cour de cassation fut saisie de cet arrêt, et l'infirma. Sa décision était ainsi motivée : « Considérant que la loi a voulu veiller à la protection des récoltes, en prenant des précautions contre l'entraînement du chasseur exposé à se laisser aller à fouler, soit par lui-même, soit par ses chiens, les récoltes sur pied; qu'elle a voulu, en outre, pourvoir, dans certaines limites, et surtout pendant le temps de la reproduction, à la conservation du gibier. » Quel que doive être notre respect pour les décisions de la Cour suprême, nous n'hésiterons pas à penser qu'elle a ici complétement méconnu les principes du droit, très-bien dégagés, au contraire, par la Cour de Douai. Que la loi de 1844, en fixant une époque pour l'ouverture de la chasse, ait eu en vue et l'intérêt des récoltes et la

conservation du gibier, c'est chose incontestable assurément. Que prouve cela pour le sujet qui nous oc-
cupe? L'intérêt des récoltes? Mais si vous foulez les
récoltes sur pied, que la chasse soit ouverte ou non,
vous commettez un délit rural, et vous êtes passible
des peines de simple police.

Dans la plupart de nos départements, au moment
de l'ouverture, les avoines, les sarrasins, sont encore
debout, les regains de trèfle et de luzerne dans toute
leur vigueur. Ils n'en sont pas moins protégés. L'intérêt de la reproduction du gibier? Cela ne serait vrai
que si vous meniez votre chien quêter en plaine à
l'époque de la couvée, ou lorsque les petits sont encore incapables de voler; car alors, le chien pourrait
s'en *emparer*, et les deux conditions substantielles
que nous avons indiquées seraient remplies. Autrement, non, il n'y a pas fait de chasse. Et si la Cour
de cassation eût envisagé toutes les conséquences qui
devraient découler de son arrêt, sans doute elle n'eût
point rendu la décision que nous critiquons. En effet,
un fait est le lendemain ce qu'il était la veille; licite
aujourd'hui, il ne pouvait être délictueux hier (bien
entendu, nous ne parlons pas politique). La circonstance qu'un arrêté préfectoral a déclaré la chasse ouverte ne peut modifier la nature même du fait. Or,
qui oserait dire que celui qui, le jour où la chasse est
ouverte, va dans les champs avec un chien commet
un délit, alors même qu'il n'a pas de permis de chasse?
Condamnez donc les bergers, vachers et les gardeuses

de dindons ! Eux aussi, en ce cas, compromettent l'intérêt des récoltes et celui du gibier. Condamnez tous ces gardes, particuliers, champêtres ou forestiers, qui élèvent et dressent nos chiens, quand le temps ou la patience nous manque pour le faire nous-mêmes ! Disons donc que la Cour de cassation, partant d'une idée juste, en a tiré des conséquences fausses. Il y a là recherche, mais non poursuite du gibier, et volonté de s'en emparer. Un des deux éléments constitutifs du fait de chasse manque, il n'y a pas fait de chasse. Vous tous, chasseurs qui me lisez, êtes partis la veille de l'ouverture, à la recherche des remises de perdreaux; vous l'avez fait, et vous le ferez encore, et je le ferai dans un mois, et soyez sûrs que ni vous, ni moi n'aurons violé le texte ni l'esprit de la loi sur la chasse.

Au contraire, s'agit-il de chiens courants que le maître a fait sortir, et lâchés, sous prétexte de les exercer ? Ici, point de difficulté; d'accord avec une doctrine et une jurisprudence unanimes, nous dirons qu'il y a fait de chasse, lors même que les chiens n'auraient réussi à lever aucun gibier. En effet, s'il est vrai de dire que bien rarement les chiens parviennent à prendre l'animal chassé sans le concours de leur maître, le fait cependant arrive parfois, et peut toujours se reproduire, et cela suffit pour faire concourir les deux circonstances constitutives du fait de chasse. En sera-t-il de même, s'il est prouvé que les chiens, sortis seuls par suite d'un accident quel-

conque, ont chassé sans être appuyés de leur maître?
Un savant auteur, M. Petit, proposait une distinction:
si ce sont des chiens de chasse, le maître est responsable d'un fait qu'il devait prévenir; si ce sont des
chiens de garde ou de luxe, il n'y a pas fait de
chasse. Nous ne saurions, pour notre part, admettre
cette distinction; elle a été également repoussée par
la Cour de cassation qui, par plusieurs arrêts, dont
le plus récent est du 21 juillet 1855, a décidé qu'il
n'y a pas lieu de condamner celui dont le chien a été
trouvé poursuivant le gibier, s'il est établi qu'il n'a
pas concouru à la poursuite, soit en mettant le chien
en chasse, soit en l'appuyant; coupable du seul défaut
de surveillance, il n'encourrait qu'une simple responsabilité civile, à raison des dommages causés. Néanmoins, si ce fait se répétait, si le défaut de surveillance était de chaque jour, nous pensons qu'une
condamnation interviendrait, et à juste titre, cette
négligence persévérante devant évidemment équivaloir
à la volonté de laisser ou de faire chasser les chiens.
Par les mêmes raisons, il faut décider qu'il y a fait de
chasse de la part de celui qui, allant au rendez-vous
de chasse en voiture, laisse ses chiens suivre librement
la voiture, alors que ceux-ci, à la traversée d'un
bois, se sont écartés, et ont fait un lancer. Souvent,
en effet, ce pourrait être une manœuvre destinée à
envoyer dans la division de forêt où l'on aurait le
droit de chasser, les animaux qui se trouveraient sur
le territoire du voisin. A l'appui de notre opinion, citons

un arrêt de la Cour de Nancy du 4 décembre 1844, lequel a déclaré coupable de fait de chasse un individu qui, suivant une route en voiture, avait laissé chasser dans la plaine un chien lévrier dont il était accompagné.

Par tous les exemples que nous venons de donner, on voit que la question d'armes n'est rien pour établir le fait de chasse ; que l'on peut ne pas être armé, et cependant chasser. Examinons, maintenant, à côté du *fait de chasse*, et pour la compléter, ce qu'on appelle l'*action de chasse* ; tout à l'heure, nous nous sommes principalement attaché à la volonté ou l'intention présumable ; c'est surtout du fait matériel, au contraire, que nous devons nous préoccuper ici.

A l'exception des cas que nous venons de citer et des cas analogues qui peuvent s'y rattacher, l'on ne peut en général être considéré comme chassant que si l'on est en action, ou, pour nous servir d'un terme qui précisera mieux notre pensée, en attitude de chasse. Autrement dit, il faut se trouver en un lieu où la recherche du gibier soit présumable, et en même temps être soi-même en mesure d'atteindre le gibier qui pourrait partir. Ainsi, vous sortez de chez vous, armé de toutes pièces, sac au dos, entouré de vos chiens, vous suivez une route, ou même un sentier à travers champs, mais vos chiens ne battent pas la plaine, votre fusil est en bandoulière, et non armé. Ou bien encore, après une matinée laborieuse, vous êtes étendu sous un arbre, mangeant sur le pouce le frugal déjeûner du chasseur; à côté de vous, votre carnier déjà à demi plein. Vous n'êtes point en action de chasse, car une pièce de gibier partirait alors à côté de vous que vous ne seriez point en mesure de faire feu sur elle.

Non-seulement personne ne pourrait vous dresser de procès-verbal, mais personne n'aurait le droit de vous demander votre permis de chasse. Car, si votre intention de chasser tout à l'heure est évidente, le commencement d'exécution n'existe pas encore, indispensable pour constituer le fait de chasse. De même pour les actes préparatoires de la chasse comme, par exemple, faire le bois, sans armes, avec un limier attaché au cordeau. (Cour de Dijon, 19 novembre 1862.)

De même encore des traqueurs : simples auxiliaires de la chasse, la jurisprudence les assimile (en tout bien tout honneur) aux chiens courants : il n'est pas besoin qu'ils soient munis de permis de chasse. N'allez pas trop loin cependant dans cette assimilation; c'est ainsi qu'un arrêt qui avait déclaré que le traqueur ne pouvait *jamais* être considéré comme responsable des faits par lui commis en cette qualité, a été, à bon droit, annulé par la Cour de Cassation, laquelle, tout en admettant son rôle secondaire, décida qu'il n'était pas affranchi des dispositions générales de police qui réglementent la chasse. (Arrêt du 15 décembre 1870.)

Au contraire, et par les raisons que nous avons

données plus haut, c'est être en action de chasse, ainsi que nous l'avons dit, que regarder chasser ses chiens (Cour de Rouen et Cassation). Les piqueurs, les valets de chiens, qui prennent une part active à la chasse, rompent les changes, relèvent les défauts, remettent sur la voie, font acte de chasse et sont assujettis à la formalité du permis ; on ne saurait les mettre au rang des simples traqueurs. Les invités qui suivront, même à cheval, mais comme simples spectateurs ne prenant part à aucun des actes spéciaux de la poursuite, en seront, par contre, affranchis.

En un mot, et pour nous résumer en un utile conseil, toutes ces questions sont questions de fait : il pourra arriver qu'un agent, garde ou gendarme, trop zélé, et moins au courant que le chasseur de la jurisprudence, dresse un procès-verbal dans un cas qui ne le comporterait pas. Que le chasseur ait soin alors de faire constater au procès-verbal toutes les circonstances, si minimes qu'elles soient, quelque peu importantes qu'elles puissent paraître : souvent ce seront celles-ci qui permettront au juge de qualifier exactement le fait, de lui attribuer son véritable caractère et de décider si, effectivement, il y a eu ou non fait de chasse, recherche et poursuite du gibier.

III.

DES TERRAINS CLOS ATTENANT A UNE MAISON D'HABITATION.

La loi de 1790, qui n'était pas faite dans le but de la conservation du gibier, permettait au propriétaire ou possesseur de chasser en tout temps dans ses bois et dans celles de ses possessions qui étaient séparées des héritages voisins par des murs et des haies vives, lors même qu'elles étaient éloignées d'une habitation. Lorsque la loi de 1844 fut soumise à la Chambre des députés, cette mesure trop funeste au gibier fut vivement discutée ; les uns, l'attribuant à un esprit féodal, attaquèrent ce qu'ils appelaient l'aristocratie du clos, et demandèrent que toutes les propriétés, bois ou terres labourables, entourées ou non entourées, fussent soumises à la règle générale ; d'autres soutinrent au contraire qu'on ne devait rien modifier de ce qui existait en cette matière ; mais le rapporteur de la Commission expliqua qu'en maintenant dans certaines limites le privilège dont nous parlons, on n'avait nullement l'intention de favoriser les riches propriétaires et de créer en leur faveur une immunité ; qu'on vou-

2

lait seulement sauvegarder les principes de l'inviolabilité du domicile. Si l'on n'interdit pas la chasse sans permis ou avec permis en temps prohibé dans les terrains clos et attenant à une habitation, c'est parce qu'il serait impossible d'y relater le délit et d'y verbaliser. La police, hors le cas de flagrant délit, ne peut pénétrer dans le domicile d'un particulier, qu'agissant en vertu d'un mandat régulièrement délivré par le juge d'instruction.

C'est donc sur ce point que l'entente s'établit. On ne parla plus d'autoriser en tout temps la chasse au bois ; et l'on apporta de grandes restrictions à la libre chasse dans les terrains clos.

Il ne faut donc voir dans cette disposition de la loi que la tolérance de ce qu'on ne pouvait empêcher ; on a donc voté l'article 2 qui va nous occuper dans ce chapitre et dont voici le texte : « Le propriétaire ou possesseur peut chasser ou faire chasser en tout temps, sans permis de chasse, dans ses possessions attenant à une habitation et entourées d'une clôture continue faisant obstacle à toute communication avec les héritages voisins. »

Nous savons donc que ce droit n'est pas conféré à titre de privilége, ni parce que le législateur pense que le gibier est parqué dans l'enclos et appartient au propriétaire ; s'il en était ainsi, celui qui, sans autorisation, viendrait chasser dans mon clos commettrait un vol : c'est parce qu'on ne peut violer le domicile.

Néanmoins, il n'y a pas un mot de ce texte qui

n'ait soulevé, soit dans la Chambre, soit devant les tribunaux, de sérieuses difficultés. Il faut que le terrain soit attenant à une habitation! Qu'appelle-t-on une habitation? Qu'il soit clos; qu'appelle-t-on une clôture? Que ce soit le propriétaire ou le possesseur qui y chasse ou y fasse chasser; quel sera ce possesseur? La chasse y est permise et tout temps; mais l'y est-elle aussi de toutes manières?

Nous allons successivement traiter tous ces points.

L'habitation. La rédaction du projet de loi contenait ce membre de phrase : Un terrain dépendant d'une habitation; mais on a fait remarquer qu'un clos dépend souvent d'une habitation sans que cette habitation y soit enfermée; alors le clos n'est plus la continuation du domicile qui le couvrirait de son inviolabilité, et comme il était bien entendu que quelle que fût la clôture, on ne pourrait chasser s'il n'y avait une habitation, on substitua ces mots à ceux qui avaient été proposés : « possession attenant à une habitation. »

Quel doit être le caractère de l'habitation?

Un château, une ferme, un simple pavillon, une maison de garde, un lieu simplement habitable?

Est-ce là ce que veut la loi?

Devons-nous prendre la définition de l'article 390 du Code pénal : « Est réputé maison habitée tout bâti-
« ment, logement, loge, cabane même mobile, qui,
« sans être actuellement habité, est destiné à l'habi-
« tation, etc, »

La Cour de cassation, dans un arrêt du 7 mars 1823, a formellement déclaré qu'il n'y avait pas lieu de se préoccuper de l'article 390 du Code pénal, et qu'un des caractères essentiellement constitutifs de l'habitation est la permanence de sa destination.

D'autre part, le garde des sceaux et le rapporteur de la Commission ont dit qu'il y avait là une question de fait laissée à l'appréciation des tribunaux. Dans un jugement du 27 décembre 1866, rendu par le tribunal correctionnel de Carpentras, nous trouvons qu'il ne suffit pas que, dans le terrain clos où a lieu le fait de chasse, il se trouve une construction quelconque plus ou moins propre à l'habitation; qu'il est indispensable que cette construction soit, sinon constamment habitée, du moins, destinée à l'être à certaines époques plus ou moins rapprochées, par la famille du propriétaire ou du possesseur; qu'on ne peut regarder comme une habitation, dans le sens de la loi de 1844, ni un simple pavillon d'agrément, ni une cabane destinée à servir d'affût au chasseur, ni la plupart de ces bâtiments étrangers à la résidence habituelle de leurs propriétaires qui sont désignés dans le pays sous le nom de *grangeons*.

Ce jugement s'appuyait sur deux arrêts de la Cour de cassation; l'un du 3 mai 1845, l'autre du 29 avril 1858.

Il arrive souvent que l'on a, dans un clos, un endroit ne servant qu'à remiser les instruments de jardinage; on y laisse un fusil et l'on s'amuse à tuer les oiseaux; si on le fait sans permis ou avec permis en temps prohibé, c'est un délit qui sera peut-être difficile à constater, mais qui, s'il est constaté, entraînera fatalement une condamnation correctionnelle.

De *quelle clôture* la loi a-t-elle entendu parler? Cette question a été posée par M. Luneau, député, au rapporteur de la Commission. Il faisait remarquer qu'en Normandie, et surtout en Bretagne, presque toutes les propriétés étaient traversées par de nombreuses haies vives formant, la plupart du temps, une véritable clôture, et demandait s'il y avait lieu d'y chasser librement? A ces observations judicieuses et nettes, le garde des sceaux ne répondit que par un faux-fuyant, se retranchant toujours derrière la question de fait, que les tribunaux jugeront souverainement. M. Gillon trouve cette réserve fort sage et appuie son opinion sur ce raisonnement : que l'on examinera les usages des pays et le mode avec lequel, dans la contrée, on enferme les terrains pour laisser l'enclos sans communication possible avec le dehors. Nous ne pouvons admettre ce système; nous ne sommes plus sous le régime du droit coutumier : ce qui est un fait de chasse à Rouen, doit être un fait de chasse à Bordeaux; ce qui est une clôture à Rennes doit être une clôture à Marseille.

Efforçons-nous donc de jeter quelque lumière sur cette obscurité de la loi.

La Cour de Bourges (2 novembre 1844) estime qu'un terrain entièrement entouré d'une haie vive est un terrain clos ; mais elle va bien loin, ce nous semble, en affirmant que deux ouvertures laissées pour l'entrée et la sortie ne sauraient lui enlever son caractère.

Dans sa circulaire du 9 mars 1844, le ministre de la justice dit que la clôture doit être non interrompue et tellement parfaite qu'il soit impossible de s'introduire par un moyen ordinaire dans la propriété qui est entourée.

Voilà l'esprit de la loi. C'est toujours au principe de l'inviolabilité du domicile qu'il faut revenir pour juger les difficultés qui se rattachent à cette question comme à celle de l'habitation. L'enclos, en matière de chasse, est considéré comme une dépendance de l'habitation, et se confondant avec elle ; il faut de toute nécessité qu'il ne présente aucune solution de continuité et forme, pour les personnes du dehors, sinon un obstacle matériellement insurmontable, du moins sérieux et permanent, qui ne puisse être levé sans un effort considérable.

La Cour de Paris, dans un arrêt du 6 novembre 1828, déclarant que des brèches ne suffisaient pas à enlever à une clôture son caractère, faisait erreur, comme la Cour de Bourges, et le système que nous avons adopté a été suivi par la cour de Rennes (11 novembre 1833) et depuis par tous les tribunaux et Cours auxquels la question a été soumise.

Un terrain entouré de fossés de quatre pieds de largeur sur deux de profondeur n'est pas réputé clos. (Cassation, 14 mai 1836.)

Une île est-elle un terrain clos? Quant à l'île située dans une rivière non navigable, ni flottable, c'est une question de fait à résoudre, question peu importante et peu pratique.

Que décider, au contraire, de l'île qui se trouve dans un fleuve ou dans une rivière navigable? Cette île n'est pas un terrain clos, pour deux motifs : le premier, c'est que les fleuves et rivières sont assimilés par la loi aux grandes routes, et qu'il a été parfaitement entendu à la Chambre des députés que les routes ne pouvaient constituer une clôture; le second, c'est que sur les bords de cette île il doit y avoir le marchepied ou chemin de halage, lequel en réalité sépare l'île de ce qu'on serait tenté d'appeler une clôture (1). Ces deux raisons ont sans peine entraîné notre conviction. On peut citer, en sens contraire, un arrêt de la Cour de Metz du 22 mai 1845, mais cet arrêt n'est pas fortement motivé, et il serait dangereux de s'endormir sur la foi de son dispositif.

Il n'est pas nécessaire que la clôture soit homogène : votre terrain peut être parfaitement clos, moitié par un mur, moitié par une haie. C'est ainsi que le tribunal de Marseille, dans un jugement du 17 septembre 1844, a réputé close une propriété bornée au midi et au couchant par un mur, au levant par une haie et au nord par une route royale dont les berges ont sur ce point quatre mètres d'élévation.

_____

(1) Cour de Rennes, 17 août 1863.

Nous savons maintenant ce qu'il faut pour constituer l'habitation et la clôture ; mais à qui sera-t-il loisible de chasser en tout temps et sans permis sur ce terrain ? Au propriétaire ou possesseur. Ce terme de possesseur a semblé un peu vague. Interrogé par plusieurs de ses collègues, un membre de la commission répondit qu'on avait désigné par ce mot les usufruitiers, les emphytéotes, et tous ceux qui représentent, à un titre quelconque, le propriétaire, soit par la force de la loi, soit par délégation. Cette réponse n'a rien de bien significatif et ne décide pas si le fermier, non autorisé par son propriétaire, et qui malgré tout est un possesseur, pourra librement chasser.

M. Championnère se prononce pour l'affirmative, fondant son argumentation sur ce que le but de l'article 2 est d'assurer l'inviolabilité du domicile de tout possesseur quel qu'il soit.

J'apporterais une restriction à ce système, auquel je me range, c'est que le propriétaire pourra toujours poursuivre au civil, en vertu des articles 1184 et 1382 du Code civil, son fermier qui aurait chassé sans autorisation, quand il pourra, par hasard, prouver le fait par des moyens légaux.

Le propriétaire peut non-seulement chasser, mais faire chasser dans sa propriété close ; s'il en était autrement la disposition de la loi aurait été dérisoire. Que veut-on ? Assurer l'inviolabilité du domicile, et au premier coup de fusil il aurait été permis aux gendarmes de s'y introduire, sous prétexte de s'informer si c'est bien le propriétaire qui chasse en personne.

Il a été jugé en 1867 que celui qui blesse une pièce dans son clos, en temps prohibé, ne peut l'aller chercher chez le voisin. Si cependant le gibier était mortellement blessé nous pensons qu'on pourrait aller l'y ramasser sans commettre de délit.

Nous n'avons plus sur notre sujet qu'une question à examiner, mais elle est fort importante et a été tranchée diversement par la jurisprudence. On peut sur son terrain clos et attenant à une habitation, chasser en tout temps et sans permis de chasse ; mais peut-on aussi chasser de toutes manières en se servant de lévriers et d'engins prohibés ?

Cette question demanderait à être longuement discutée, car la jurisprudence n'est certainement pas encore irrévocablement fixée, et parmi tous les points de droit qui se rattachent à notre travail, il y en a bien peu qui offrent un aussi grand intérêt et qui prêtent à la controverse. Mais nous n'oublions pas que c'est aux chasseurs et non aux jurisconsultes que nous nous adressons, et nous nous bornerons à citer les différentes solutions données sur la matière par les cours d'appel et la Cour de cassation, renvoyant ceux qui désireraient approfondir ce sujet au volume de l'année 1867, *De la jurisprudence générale*, par MM. Dalloz ; ils y trouveront, à la deuxième partie, page 207, un réquisitoire de M. l'avocat général Boissard devant la Cour d'Aix.

Cette dissertation joint à une grande connaissance du droit une merveilleuse lucidité, et vaut à elle seule tous les arrêts que nous allons mentionner. La Cour de Besançon, en 1845, décida que le propriétaire ou le possesseur pouvait chasser avec tous les engins qu'il lui plairait d'employer; mais la Cour de cassation se prononça en faveur de l'opinion contraire et cassa cet arrêt. Jusqu'en 1866, tous les tribunaux se conformèrent à l'avis de la Cour de cassation; mais à cette époque la Cour de Dijon, reprenant l'arrêt de la Cour de Besançon, acquitta un propriétaire accusé d'avoir chassé dans son clos à l'aide d'engins prohibés.

La Cour de cassation, examinant le pourvoi du ministère public contre cet arrêt, modifia sa jurisprudence et fit une distinction que nous ne pouvons comprendre, entre les engins prohibés que le propriétaire peut détenir chez lui sans délit, et ceux dont la détention seule constitue un délit; affirmant d'ailleurs le principe que le propriétaire peut chasser dans son clos par tous les moyens.

La question, revenant en 1867 devant la Cour d'Aix, donna lieu au remarquable réquisitoire dont nous avons parlé, et M. l'avocat général Boissard n'eut pas de peine à battre en brèche cet arrêt inexplicable.

La Cour d'Aix, conformément à ces conclusions, jugea qu'il n'était pas permis de chasser dans un clos avec des engins prohibés, et la Cour de cassation, appelée à se prononcer de nouveau, n'osa pas abandonner le système qu'elle avait adopté l'année précédente ; elle y apporta seulement une modification que nous avons beaucoup de peine à comprendre, permettant de chasser dans un clos avec des appeaux appelants et chanterelles, interdisant d'y chasser à l'aide d'engins prohibés. On verra dans le chapitre relatif aux engins prohibés le motif de cette distinction.

Il est très-probable que si la question est soulevée de nouveau, la Cour de cassation abandonnera cette espèce de compromis et se prononcera soit en interdisant, soit en autorisant l'usage des engins prohibés quels qu'ils soient, mais probablement en l'interdisant, car la loi ne crée que deux priviléges en faveur du propriétaire d'un clos : la dispense du permis de chasse et l'autorisation de chasser en tout temps.

Il ne faut pas oublier d'ailleurs que les délits de chasse qui pourraient être commis dans une propriété close seront très-difficilement constatés. Il est interdit aux autorités qui seraient compétentes pour verbaliser d'y pénétrer, ou de monter sur un mur, ou même d'écarter les branches de la haie pour se rendre compte de ce qui se passe ; une telle indiscrétion est une violation de domicile qui entache de nullité le procès-verbal. Il faudra donc naturellement que l'on ait constaté le délit sans se servir pour cela de moyens artificiels ; ce qui arrivera, par exemple, si le mur de clôture est peu élevé et permet aux passants de voir des filets tendus, soit par terre, soit dans les arbres. Alors on a pu tout constater sans violer le domicile, et les tribunaux sont unanimes à déclarer régulier le procès-verbal.

IV

DU PERMIS DE CHASSE.

Quelle est l'utilité du permis de chasse? Quelles personnes doivent s'en prémunir? Doit-on lorsque l'on chasse en être porteur? Pour combien de temps est-il valable? A qui peut-il et à qui doit-il être refusé?

Nous avons dit plus haut que la formalité du permis de chasse n'était pas une mesure exclusivement fiscale ; en effet, elle a aussi pour but d'empêcher de chasser les gens indignes. Le permis de chasse n'est délivré qu'après une espèce d'enquête, peu sérieuse, il est vrai, mais suffisante le plus souvent pour éclairer l'administration. Celui qui veut obtenir un permis de chasse doit rédiger sa demande, et la soumettre à l'approbation du maire, lequel déclarera qu'à sa connaissance l'impétrant se trouve ou ne se trouve pas dans un des cas où la loi autorise le préfet à lui refuser un permis de chasse. Jusqu'ici j'ai toujours vu rédiger cette demande sur papier timbré ; mais j'apprends, en lisant une décision du ministre des finances du 31 janvier 1846, que cette précaution est inutile. Il n'est pas nécessaire que la demande d'un permis soit approuvée par le maire du domicile de l'impétrant, il suffit que ce soit par celui de sa résidence. Mais j'estime qu'il y a une irrégularité sérieuse dans le fait des personnes qui, pour être autorisées à chasser sur le territoire d'une commune où en somme elles ne résident même pas réellement, s'y font délivrer leur permis après avoir fait appuyer leur demande par le maire de cette commune.

Il n'est pas à ma connaissance que les tribunaux aient statué sur ce point, mais il y a là une irrégularité à laquelle il est bon de prendre garde.

On verse ensuite entre les mains du percepteur le montant des droits (40 fr. depuis la loi de 1871) et l'on joint la quittance à la demande approuvée par la municipalité.

Les sous-préfets examinent la demande et délivrent le permis s'il y a lieu, mais ils ne sont nullement obligés de se conformer à l'avis du maire, et peuvent fort bien, dans certains cas que nous verrons dans la suite, refuser un permis quand le maire a déclaré qu'il y avait lieu de l'accorder.

La quittance du percepteur, même quand elle est jointe à un avis favorable du maire, ne peut tenir lieu de permis.

Le permis de chasse, bien qu'appelé quelquefois encore port d'armes, n'a plus du tout le caractère de l'ancien port d'armes. Sous l'empire de la loi de 1790 et du décret de 1812 le permis n'était exigé que pour la chasse avec armes; il n'en est plus ainsi sous la nouvelle loi; elle exige que tout chasseur soit muni d'un permis de chasse, quels que soient d'ailleurs les procédés ou moyens de chasse qu'il emploie.

Le permis est donc indispensable pour pouvoir légalement accomplir tous les faits, que dans notre premier chapitre, nous avons qualifiés de faits de chasse. Ainsi, par exemple, il faut un permis de chasse pour pouvoir prendre des petits oiseaux à la glu (Cour d'Angers, 17 septembre 1845); pour chasser les oiseaux tels que les alouettes, autrement qu'avec des armes, c'est-à-dire par des moyens exceptionnels autorisés par les préfets, et notamment avec des lacets garnis de crins. (Cour de cassation, 18 avril 1845.)

La cour de Bordeaux, dans un arrêt du 28 février 1850, s'est montrée encore plus rigoureuse, en décidant qu'alors même qu'à la préfecture on aurait dit que, pour la chasse aux alouettes, le permis n'était pas nécessaire, les tribunaux n'en devaient pas moins faire l'application de la peine.

Bien plus: les préfets, en prenant des arrêtés pour faciliter la chasse aux oiseaux de passage, n'ont pas le droit de l'autoriser sans permis.

Les permis de chasse sont personnels; toutefois cette règle ne s'oppose pas à ce que le chasseur se fasse aider par des auxiliaires, si leur concours est indispensable pour l'accomplissement du fait de chasse auquel il procède. Celui qui se livre à la chasse aux petits oiseaux avec pièges, raquettes et sauterelles, peut aussi se faire assister d'un nombre de manœu-

vres non permissionnés aussi grand que cela lui est
nécessaire, sans que la participation de ces derniers
à la chasse constitue un délit.

C'est la jurisprudence des cours de Nancy et d'Agen,
qui a d'ailleurs été sanctionnée par la Cour de cassation.

Mais le préfet, qui peut prohiber ce genre de chasse,
peut aussi fixer le nombre des auxiliaires que chacun
aura le droit d'employer.

Les traqueurs n'ont pas besoin de permis de chasse,
puisque les services qu'ils rendent sont par la jurisprudence assimilés à ceux que rend le chien d'arrêt.

Il faut bien se garder pourtant d'étendre cette
faculté accordée au chasseur d'employer des auxiliaires, et d'oublier le principe que le permis de chasse
est personnel et n'autorise pas celui auquel il a été
délivré à faire chasser à son profit par un autre.
Un arrêt de la cour de Rouen, rendu le 10 décembre 1846, nous montre qu'il ne faut admettre les
auxiliaires qu'alors qu'ils sont indispensables.

Cet arrêt a condamné un individu qui, sans permis
de chasse, avait battu les cépées pour faire passer les
lapins devant un chasseur muni de permis. Voici l'argumentation : Si, dans certaines chasses qui ne
peuvent se faire sans le concours de plusieurs personnes, on peut dire qu'il ne faut voir qu'un seul
fait de chasse et un chasseur unique dont les auxiliaires obligés ne font avec lui qu'une seule et même
personne, cette exception non écrite dans la loi, mais

créée par la seule force des choses, ne peut s'appliquer à notre espèce, puisque la chasse des lapins pouvait se faire sans battue et sans traqueurs.

Nous citons l'arrêt, mais nous ne croyons pas devoir y attacher une grande importance. Quelle est donc la chasse qui exige l'emploi de rabatteurs ou de traqueurs?

L'homme qui faisait fuir les lapins des cépées ne faisait ni plus ni moins que ceux qui traquent le gibier dans les bois, c'est incontestable; or, il est admis par une jurisprudence constante que les traqueurs sont des auxiliaires dispensés de permis!

Que veut-on dire par ces mots: « Le permis de chasse est valable pour un an. » Quand commencera et quand finira cette année dont il est parlé ?

La Cour de Grenoble, dans un arrêt du 10 février 1848, avait fixé le point de départ au jour de l'acquisition des droits; mais la Cour de cassation (4 mars 1847) le fixe à la date énoncée sur le permis.

Nous n'énumérons pas les nombreux arrêts qui s'accordent à faire courir les délais du jour de la date du permis comme étant celle de la délivrance, mais nous regrettons cette jurisprudence.

Le permis est valable pour un an, ce qui signifie qu'il doit pendant une année être utile au bénéficiaire; mais le plus souvent le permis est signé et reste quelques jours dans les bureaux de la sous-préfecture et de la mairie; alors celui qui l'a demandé n'en jouit pas; à proprement parler le permis ne lui a pas été délivré, et cependant les délais ne cessent de courir. On devrait indiquer le jour de la délivrance réelle et faire signer par le permissionnaire lui-même la reconnaissance datée de la délivrance; les tribunaux n'autorisent pas l'emploi de tels procédés.

Mais si le permis a été délivré le 1er septembre 1871, il sera valable jusqu'au 2 septembre 1872 exclusivement. En effet, celui qui a obtenu le permis de chasse, conserve le droit de chasse pendant une année, sans qu'il puisse en être retranché un temps quelconque. On le priverait de ce droit si l'on comprenait dans l'année le jour de la délivrance, puisque ce jour n'est pas entier au moment de la signature du permis, et qu'il serait même possible que cette signature n'eût été donnée qu'à la dernière heure de cette journée. Il serait tout au moins nécessaire d'accorder le droit de chasser jusqu'à l'heure correspondante à celle où la délivrance a été opérée; mais les heures n'étant pas constatées dans le permis, il serait impossible de savoir si la chasse a eu lieu dans le délai ou en dehors de sa durée. D'ailleurs, d'après le droit commun, les délais se comptent par jours et non par heures.

Nous trouvons de nombreux arrêts dans ce sens; le dernier a été rendu par la Cour de Montpellier le 24 janvier 1865; il n'a, croyons-nous, jamais été statué dans le sens contraire.

Arrivons à une question que, pour notre part, avant les recherches auxquelles nous nous sommes livré, nous croyions controversée, et que la plupart des chasseurs avaient tranchée dans le sens opposé à la jurisprudence :

Doit-on présenter son permis de chasse à la première réquisition d'un garde ou d'un gendarme ? Si vous refusez de l'exhiber, soit parce que vous l'avez oublié, soit même parce que cela ne vous plaît pas, commettez-vous un délit ?

Combien de chasseurs se figurent que, s'ils ne justifient pas, sinon immédiatement, au moins dans la journée, de leur permis, ils sont aussi punissables que s'ils n'en avaient pas pris !

La Cour de cassation décide que, non-seulement il n'y a pas là de délit, mais qu'il n'y a même pas de contravention ; que les préfets n'ont pas autorité pour régler ce point, et qu'ils ne peuvent prendre d'arrêtés pour punir celui qui ne peut ou ne veut exhiber son permis de chasse à la première réquisition.

Jamais, sur ce point, la jurisprudence n'a varié ; et l'arrêt de la Cour de cassation, du 18 décembre 1855, est parfaitement motivé. Cependant, certains tribunaux ne voulaient pas laisser impunie la mauvaise volonté du chasseur qui refusait jusqu'à l'audience de justifier de son permis ; et tout en l'acquittant, le condamnaient aux dépens à titre de dommages-intérêts. Mais la Cour de cassation a jugé qu'en agissant ainsi, ces tribunaux outrepassaient leurs pouvoirs.

Assurément il y a là une lacune dans la loi. Un article devrait permettre au juge, dans certains cas, d'infliger une amende au chasseur qui aurait témoigné de la négligence ou de la mauvaise volonté. Mais cette disposition est-elle bien indispensable? Quel est le chasseur qui fera cette mauvaise plaisanterie de refuser d'exhiber un permis quand il le peut? Il en serait la première victime; et s'il n'était pas connu dans le pays, il lui faudrait se présenter chez le maire ou le juge de paix pour y décliner ses nom et prénoms.

Si vous allez chez un ami, ou même dans une localité où vous ne connaissez personne, que vous ayez oublié votre permis de chasse, et que néanmoins vous désiriez chasser, chassez sans crainte. Si l'on vous dresse procès-verbal, vous expliquerez votre situation et vous ferez venir votre permis avant l'audience; cela suffira à arrêter les poursuites.

L'article 6 de la loi du 3 mai 1844 est ainsi conçu : Le préfet pourra refuser le permis de chasse :

1° A tout individu majeur qui ne sera point personnellement inscrit ou dont le père ou la mère ne serait pas inscrit sur le rôle des contributions.

Il suffit d'être inscrit pour des prestations en nature.

Il n'est pas nécessaire que l'enfant ait son domicile chez les père et mère inscrits au rôle des contributions, pour que le permis ne puisse lui être refusé.

La loi, en parlant du père ou de la mère, n'a pas entendu dire les ascendants quels qu'ils soient. Ainsi, le fait que les grand-père et grand'mère sont inscrits au rôle des contributions n'empêche pas qu'on puisse refuser un permis au petit-fils;

2° A tout individu qui, par une condamnation judiciaire, a été privé de l'un ou de plusieurs des droits énumérés dans l'article 42 du Code pénal, autres que le droit de port d'armes.

Ce ne sera pas à celui qui demande un permis de chasse d'établir qu'il n'est pas dans un de ces cas, mais à l'autorité de prouver qu'une de ces condamnations a été prononcée ;

3° A tout condamné à un emprisonnement de plus de six mois pour rébellion ou violence envers les agents de l'autorité publique ;

4° A tout condamné pour délit d'association illicite, de fabrication, débit, distribution de poudre, armes, ou autres munitions de guerre, de menaces écrites ou de menaces verbales avec ordre ou sous condition ; d'entraves à la circulation des grains ; de dévastations d'arbres et de récoltes sur pied, de plants venus naturellement ou faits de main d'homme ;

5° A ceux qui auront été condamnés pour vagabondage, mendicité, vol, escroquerie ou abus de confiance.

Puis la loi ajoute :

La faculté de refuser le permis de chasse aux condamnés dont il est question dans les paragraphes 3, 4 et 5, cessera cinq ans après l'expiration de la peine.

Comment expliquer l'exclusion du paragraphe 2 ? On a dit que c'était un oubli ; c'est peu probable. MM. Duvergier et Championnière pensent que les condamnés du paragraphe 2 auront droit au permis dès qu'ils auront subi leur peine; mais, quelque sévère qu'elle puisse paraître, nous nous rangeons à l'opinion de ceux qui soumettent indéfiniment cette classe de condamnés à l'arbitraire des préfets.

Les cinq années dont il est parlé, courront à partir de l'expiration de la peine, c'est-à-dire de la sortie de prison, et du jour où la condamnation est devenue irrévocable, si ce n'est qu'une condamnation à à l'amende.

On peut se pourvoir auprès du ministre de l'intérieur contre la décision du préfet.

Nous avons énuméré les cas où le préfet peut refuser de délivrer un permis de chasse. Voici maintenant ceux dans lesquels il le doit :

Article 7. Le permis ne sera pas délivré : 1° aux mineurs qui n'auront pas seize ans accomplis; 2° aux mineurs de seize à vingt et un ans, à moins que le permis ne soit demandé pour eux par leur père, mère, tuteur ou curateur porté au rôle des contributions; 3° aux interdits; 4° aux gardes champêtres ou forestiers des communes et établissements publics, ainsi qu'aux gardes forestiers de l'État et aux gardes-pêche.

L'article 8 ajoute : 1° à ceux qui, par suite de condamnations, sont privés du droit de port d'armes; 2° à ceux qui n'auront pas exécuté les condamnations prononcées contre eux par la présente loi; 3° à tout

3.

condamné placé sous la surveillance de la haute police.

Le sous-préfet peut exiger de l'impétrant la production de son acte de naissance.

Quant à ceux qui, sans être interdits, sont frappés de folie, le préfet aura toujours un moyen de leur refuser un permis de chasse en les envoyant dans une maison d'aliénés.

Les femmes, pour obtenir un permis de chasse, n'ont pas besoin de l'autorisation maritale, et le préfet ne peut se fonder sur le 18e canon du 4e concile de Latran pour refuser un permis de chasse à un prêtre.

Les gardes particuliers, lorsqu'ils veulent chasser, peuvent prendre un permis de chasse; la loi ne le leur interdit pas.

Celui contre qui, à titre de déchéance, a été prononcée l'interdiction d'obtenir un permis, peut, à moins que le préfet n'ait retiré le permis accordé, chasser jusqu'à l'expiration de son permis actuel. C'est dans ce sens que s'est prononcé le tribunal de Nogent-sur-Seine, le 3 novembre 1866, contrairement à un arrêt de Nancy du 29 février 1864.

Mais si le permis a été indûment délivré à une des personnes auxquelles le préfet doit le refuser, sans que pour l'obtenir cette personne ait employé des manœuvres frauduleuses, que déciderons-nous? Suivant deux arrêts, l'un de la Cour de Rouen du 30 novembre 1844, l'autre de la Cour d'Angers du 19 février 1862, un tel permis est nul de plein droit; il est valable au contraire aux termes d'un arrêt de la Cour de cassation du 28 janvier 1858. C'est à cette dernière opinion que nous sommes portés à nous ranger; car le doute, s'il existe, doit toujours être interprété en faveur du prévenu.

V

DE L'OUVERTURE ET DE LA CLOTURE DE LA CHASSE

La loi, dans l'intérêt de la reproduction du gibier et de la conservation des récoltes, a voulu qu'il ne fût pas toujours permis de chasser. Les préfets avaient pleins pouvoirs pour fixer la date de l'ouverture et celle de la clôture de la chasse. Mais on a reconnu de graves inconvénients à ce système, qui attirait de nombreux chasseurs et braconniers sur le territoire d'un département où la chasse était ouverte avant qu'elle ne le fût dans le département voisin, et une circulaire du ministre de l'intérieur, en 1863, détermina pour la France trois zones départementales.

Le ministre de l'intérieur prévient le préfet que son intention est d'ouvrir la chasse tel jour, dans la zone dont fait partie son département, et le préfet prend immédiatement un arrêté conformément aux ordres qu'il a reçus.

Mais l'arrêté préfectoral qui déclare la chasse ouverte tel jour ne peut faire d'exceptions en faveur de certaines récoltes encore sur pied. Ainsi l'arrêté qui défendrait de chasser pendant les huit premiers jours dans les luzernes ou les blés noirs serait illégal et n'engagerait nullement le chasseur. Quand la chasse est ouverte dans un département, elle y est ouverte partout, même dans les vignes. Assurément, si vous foulez les emblaves d'un voisin qui ne vous y a pas autorisé vous pourrez être condamné, mais ce sera en vertu de l'article 11, qui punit le délit de chasse sur le terrain d'autrui, et non en vertu de l'article 12 qui prévoit le cas de chasse en temps prohibé. Le système contraire avait été adopté par la Cour d'Orléans et la Cour de Paris en 1846, mais il n'a pas prévalu.

Néanmoins, comme il importe que les chasseurs ne puissent pas chasser dans les vignes avant le ban de vendange, aussi bien pour ne pas endommager les grappes de raisin que pour éviter les accidents, par application de la loi du 28 septembre 1791 sur la police rurale, les maires ont le droit de prendre des arrêtés pour la sûreté et la tranquillité des campagnes, et peuvent interdire jusqu'à une certaine époque la chasse dans les vignes. Mais l'infraction à un tel arrêté ne constitue pas un délit de chasse; ce n'est qu'une contravention de la compétence des tribunaux de simple police.

Les préfets doivent publier leurs arrêtés dix jours avant celui indiqué pour l'ouverture ou la clôture de la chasse.

Si la chasse doit être ouverte le 1er septembre, l'arrêté préfectoral doit avoir été publié le 21 août; si elle doit être fermée le 1er février, l'arrêté doit avoir été publié le 21 janvier.

Mais voici une question autrefois très-controversée: Le préfet, par un arrêté publié le 21 août, déclare la chasse ouverte le 1er septembre; le 28 août il rapporte cet arrêté et recule l'ouverture de la chasse jusqu'au 8 septembre; ce second arrêté ne doit-il pas être considéré comme fermant la chasse le 1er septembre, et par conséquence sans force, puisqu'il n'a pas été publié dix jours francs avant le 1er septembre?

D'excellents auteurs, M. Petit et M. Berriat-Saint-Prix, sont d'avis qu'un tel arrêté doit être considéré comme non-avenu; et la cour de Bourges, dans un arrêt du 15 novembre 1860, s'est rangée à leur opinion.

Mais la cour de cassation, adoptant le système opposé, a cassé l'arrêt de la cour de Bourges le 14 décembre 1860, se fondant sur les principes généraux et sur les lois des 19 et 22 juillet 1791 autorisant les préfets à rapporter les arrêtés qu'ils ont pris, et faisant cesser les effets du premier arrêté dès que le second a été publié.

Nous ne saurions trop faire remarquer toute l'importance de cet arrêt de la Cour de cassation; mais il n'est pas à l'abri de nos critiques.

Avec un pareil système, on peut toujours éluder la loi de 1844! Que dit cette loi? Que les préfets devront publier dix jours à l'avance leurs arrêtés relatifs à l'ouverture et à la clôture de la chasse; cette disposition devient en partie dérisoire après l'arrêt de la Cour de cassation. En effet, si un préfet veut se soustraire à l'obligation de publier dix jours à l'avance son arrêté de clôture, il n'aura donc qu'à rapporter la veille son arrêté d'ouverture?

C'est une très-grave erreur de la Cour de cassation, et nous souhaitons vivement, sans oser toutefois l'espérer, qu'elle modifie sur ce point sa jurisprudence.

Nous étudierons plus loin quels sont les droits du préfet pour la prolongation de certaines chasses spéciales, celles des oiseaux d'eau et des oiseaux de passage.

La chasse des oiseaux de mer sur la grève ou en bateau n'est-elle pas toujours permise; un arrêté préfectoral ouvrant ou fermant cette chasse est-il légal?

Bien des personnes se figurent qu'il leur est permis en tout temps de chasser les oiseaux d'eau sur les bords de la mer. C'est encore une de leurs illusions qui doit tomber devant un arrêt impitoyable de la Cour de cassation, arrêt du 20 janvier 1860.

Pour faire disparaître une erreur enracinée probablement dans l'esprit du lecteur, comme elle l'était autrefois dans le mien, je vais expliquer dans quelles circonstances cet arrêt a été rendu:

Le 11 août 1859, Henri Lebas et Henri Michel ont été trouvés chassant les alouettes de mer, l'un, sur la grève de Paimpol; l'autre, longeant cette grève dans un bateau. Ils étaient munis de permis de chasse, mais la chasse n'était pas ouverte. Ils furent poursuivis devant le tribunal de Saint-Brieuc, qui prononça leur acquittement, par jugement du 4 octobre 1859.

Le ministère public interjeta appel et l'affaire vint le 18 novembre 1859 devant la Cour de Rennes, qui confirma le jugement de Saint-Brieuc par de très-sages considérations.

Autrefois, dans l'ancien droit, la chasse des oiseaux de mer n'était soumise à aucune réglementation préventive; la loi de 1844 n'en a pas parlé, elle n'a donc pas eu la pensée d'innover. D'ailleurs, l'esprit de la loi de 1844 est la conservation du gibier et le respect des récoltes, deux choses qui ne regardent nullement la chasse du gibier de mer. Les dispositions mêmes de cette loi prouvent implicitement que le législateur n'a pas voulu réglementer la chasse du gibier de mer, car, dans l'énumération des autorités compétentes pour dresser procès-verbal, nous ne voyons pas figurer les agents ou employés de la marine, qui auraient été les premiers désignés. Enfin, l'art. 9, § 2 donne aux préfets le droit de prendre des arrêtés pour autoriser la chasse du gibier d'eau sur les *étangs*, *fleuves* et *rivières*. N'en devons-nous pas conclure que la chasse est entièrement libre sur les bords de la mer comme elle l'était avant la loi de 1844?

Toutes ces raisons, qui avaient si justement convaincu le tribunal de Saint-Brieuc et la Cour de Rennes, ont été repoussées par la Cour de cassation. Se fondant sur la disposition générale de l'article 1er : « Nul ne pourra chasser si la chasse n'est pas ouverte, etc., » la Cour de cassation a rendu, le 20 janvier 1860, un arrêt qui assimile complétement la

chasse des oiseaux de mer, sur les bords de la mer,
à la chasse ordinaire.

Comment concilier cet arrêt, que nous regrettons,
d'ailleurs, avec un arrêt de la Cour d'Aix du 12 mars
1850, jugeant qu'on ne peut voir un fait de chasse
dans la capture de canards ou macreuses, à l'aide de
filets calés dans les eaux !

Aujourd'hui, dans certains départements, on ne
poursuit pas les personnes qui chassent au bord de
la mer en tout temps ; dans d'autres, au contraire, on
les fait activement surveiller. Il est donc bon de s'informer des coutumes de la localité ; mais nous espé-
rons que la Cour de cassation reviendra sur sa jurisprudence et adoptera le système admis par la Cour de
Rennes.

Les préfets peuvent-ils ouvrir la chasse à courre
sans ouvrir la chasse à tir ? Et s'ils ont ouvert l'une
de ces deux chasses sans ouvrir l'autre, quelle sera
l'efficacité de l'arrêté préfectoral ?

Cette question a été soulevée après la guerre de
1870-71 dans les départements occupés par les
troupes allemandes ; certains préfets, ne pouvant autoriser l'emploi des armes à feu, déclarèrent la chasse
ouverte, mais à courre seulement. Ces arrêtés firent
naître des difficultés, et trois systèmes se trouvèrent
en présence. L'administration soutenait que l'arrêté
préfectoral était légal, qu'on pouvait donc chasser à
courre, mais non à tir.

Quelques locataires de chasses qui n'avaient ni le

goût de chasser à courre, ni les équipages nécessaires, et qui n'osaient point chasser à tir, préten-
daient que l'arrêté préfectoral devait être considéré
comme non-avenu, et que la chasse n'ayant été
ouverte sous aucun mode, ils seraient dispensés de
payer à leur propriétaire le prix de leur location.

Enfin, ceux qui, malgré l'arrêté préfectoral, avaient
chassé à l'aide de fusils et contre lesquels des poursuites avaient été exercées, refusaient au préfet le
droit d'apporter des restrictions aux modes de chasse
indiqués par la loi, et raisonnaient ainsi : « Le préfet
a le droit d'ouvrir la chasse, il l'a ouverte ; dans la
suite de son arrêté, il a outrepassé ses pouvoirs, la
première partie seule nous intéresse. »

C'est cette dernière opinion qui l'a emporté définitivement ; la Cour de cassation s'est prononcée dans
ce sens le 16 mars 1872, et cassa un arrêt du 25 novembre 1871 de la Cour de Paris, arrêt qui adoptait
le système de l'administration et reconnaissait aux
préfets le droit de désigner dans leurs arrêtés d'ouverture les modes à employer pour la chasse.

L'opinion de la Cour de cassation est donc que le
préfet, qui a pleine autorité pour ouvrir et fermer la
chasse, ne peut restreindre les moyens de chasse et
interdire la chasse à tir alors qu'il autorise la chasse
à courre.

N'oublions pas que dans le département de la Seine,
e préfet de police est chargé de la délivrance des

permis de chasse et de la fixation des époques d'ouverture et de clôture.

Avant de terminer notre chapitre, donnons une
règle générale pour l'interprétation des arrêtés relatifs
à l'ouverture et à la clôture de la chasse.

S'il y a quelque ambiguïté dans la rédaction, cette
ambiguïté doit s'interpréter dans le sens favorable au
prévenu, auquel le doute doit toujours bénéficier.
Ainsi, par exemple, un arrêté préfectoral déclare la
chasse ouverte à partir du 1er septembre, on pourra
sans contravention chasser le 1er septembre; il déclare
la chasse close à partir du 1er février, on pourra
chasser le 1er février. La Cour de cassation a pourtant
décidé que, dans cette dernière hypothèse, la chasse
devait être close le 1er février.

Arrêt du 7 septembre 1833.

Mais cet arrêt nous semble trop sévère et peu conforme aux vrais principes du droit pénal.

VI

LOCATIONS DE CHASSE

Vous avez reçu votre permis de chasse, un arrêté préfectoral a déclaré la chasse ouverte dans le département; il vous est donc permis de chasser sur vos propres terres et sur celles d'autrui si vous en avez obtenu la permission à titre gratuit ou à titre onéreux, peu importe.

Le droit de chasse est une émanation du droit de propriété; le propriétaire peut donc ou bien l'exercer personnellement, ou bien le déléguer. Mais quand la propriété est démembrée et appartient à plusieurs personnes, dans les cas, par exemple, où elle est grevée d'usufruit, de droit d'usage, d'antichrèse, d'emphytéose, à qui le droit de chasse doit-il appartenir?

Jamais la controverse n'a été soulevée en ce qui touche l'usufruitier; la loi l'assimile, pour la jouissance au plein propriétaire, ne lui interdisant que l'abus. Le nu-propriétaire se trouvera donc dépouillé de son droit de chasse en faveur de l'usufruitier. C'est une décision unanimement adoptée par la doctrine et la jurisprudence.

Mais de même qu'on accorde le droit de chasse à l'usufruitier, on le refuse à l'usager ; et c'est avec raison, car la loi a pris soin de limiter exactement les droits de ce dernier et d'empêcher de les étendre.

L'emphytéote jouit-il du droit de chasse ? Oui, car il est assimilé à l'usufruitier ; mais les baux emphytéotiques peuvent-ils être consentis aujourd'hui ? C'est une grave question très-controversée et qui n'a pas sa place dans cet ouvrage.

Contrairement à l'opinion de MM. Gillon et Villepain, nous refusons le droit de chasse à l'antichrésiste qui ne saurait nullement être assimilé à l'usufruitier, et qui ressemble au contraire beaucoup au fermier ordinaire. En effet, ses droits sont de deux sortes : ceux qu'il tient de son nantissement même, c'est-à-dire la rétention qui ne l'autorise nullement à chasser, et ceux que la loi lui confère d'exploiter le bien et d'imputer les fruits qu'il en retire sur sa créance en intérêts et principal. Ce second droit n'est autre chose que celui du fermier ordinaire ; or, la jurisprudence refuse aujourd'hui au fermier l'exercice du droit de chasse, à moins qu'il n'ait expressément stipulé ce droit de son propriétaire.

Trois systèmes ont été présentés relativement aux droits du fermier ordinaire ; d'excellents auteurs, parmi lesquels on peut compter Philippe Dupin, ont soutenu énergiquement que la chasse était un produit comme un autre, dont le fermier devait profiter, puisque le gibier se nourrissait de ses récoltes.

M. Duranton enseignait que le propriétaire et le fermier pouvaient chasser concurremment, mais cette doctrine n'a pas eu grand succès en France.

On a proposé une distinction de fait ; si la chasse doit être le principal produit, si la propriété est essentiellement voluptuaire, si le loyer exagéré laisse voir que le fermier n'a consenti à louer qu'en vue de la chasse, les juges devront, à défaut de conventions formelles, reconnaître le droit de chasse au fermier.

Mais nous ne saurions admettre cette distinction qui, tout équitable qu'elle soit, offrirait un très-grand danger en multipliant les procès. Combien de fermiers prétendraient qu'ils payent trop cher et qu'en louant ils ont envisagé la chasse ! Il faut autant que possible éviter les questions de fait, surtout dans une matière où elles se présentent déjà trop fréquemment.

C'est pourquoi nous nous rangeons à l'opinion de la Cour de cassation et de la plupart des jurisconsultes, n'accordant au fermier le droit de chasse que s'il y a eu stipulations formelles.

Si une propriété est indivise, chacun des co-propriétaires peut y chasser ; mais chacun d'eux peut-il autoriser des tiers à y chasser? La Cour de Rouen, le 21 février 1862, s'est prononcée pour la négative ; mais son arrêt nous semble peu motivé ; il s'en réfère aux motifs qui ont entraîné la conviction du tribunal de Rouen, motifs bien insuffisants. En somme, chacun de ces co-propriétaires ne peut donner à titre gratuit ce qu'il ne peut donner à titre onéreux. Il ne pourrait, s'il n'a reçu mandat de ses co-propriétaires, affermer les terres ou louer la chasse de sa propre autorité; voilà pourquoi il est incapable de donner à lui seul une autorisation valable.

On ne peut donner plus de droits qu'on n'en a soi-même. Une autorisation consentie par une personne qui n'a pas elle-même le droit de chasse est nulle de plein droit. Mais s'il était établi que la permission a été donnée de mauvaise foi par une personne sachant qu'elle ne pouvait accorder d'autorisation valable, et n'agissant que dans le but de faire tomber en contravention le chasseur qui se croit permissionnaire, ce dernier pourra intenter contre celui qui l'a induit en erreur des poursuites en garantie des condamnations pécuniaires et même en dommages-intérêts.

Qu'entend-on par autorisation? Le consentement doit-il être exprès ou tacite?

Le consentement du propriétaire peut être exprès ou tacite; il se prouve par tous les moyens possibles, et quand il est établi, il suffit à interrompre les poursuites.

Il ne faut pas aller jusqu'à admettre en principe général la banalité des chasses, et dire, comme M. Championnière que le propriétaire a donné implicitement l'autorisation à tout le monde de chasser chez lui s'il n'a pris soin de l'interdire, et de faire savoir soit par des poteaux indicateurs, soit par un autre mode de publicité, qu'il entend faire garder sa chasse. Bien au contraire, la chasse réservée au propriétaire est la règle générale, et la chasse banale l'exception.

Mais si un propriétaire a pendant longtemps laissé chasser indifféremment sur ses terres tous les habitants des communes environnantes, ou même seulement quelques-uns d'entre eux, il ne peut, à un moment donné, usant de surprise, faire dresser des procès-verbaux. On lui répondrait qu'on jouissait d'un consentement tacite qu'il n'avait pas pris soin de rétracter ; et si le propriétaire veut alors faire respecter son droit, il devra prévenir d'une façon quelconque de son intention.

La permission simple est présumée personnelle ; celui qui l'a obtenue ne peut la céder, il ne peut même engager personne à chasser avec lui. Cette interprétation peut paraître rigoureuse, mais elle est juste, et sert à réprimer bien des abus.

Quand un propriétaire donne une permission de chasser sur ses terres, comment cette permission doit-elle s'interpréter ?

La Cour d'Amiens, dans un arrêt du 5 décembre 1869, déclare qu'une telle permission, en l'absence de toute autre énonciation, ne saurait s'entendre que des terres dépouillées de leurs récoltes.

Je vous autorise à chasser sur mes terres, vous entrez dans une luzerne non encore coupée, vous êtes condamné sur mes poursuites comme si vous aviez chassé sur le terrain d'autrui sans autorisation.

Cette solution nous semble très-contestable et voici

les observations fort justes dont M. Dalloz fait suivre cet arrêt : Dans la pratique, on ne demande guère à un propriétaire son consentement pour chasser sur des terres dépouillées de leurs fruits, parce que ce consentement est présumé et que le fait de chasse commis sur ces terres ne peut être poursuivi d'office. Si l'on se munit d'une permission, c'est pour pouvoir, en cas de procès-verbal à raison d'un fait de chasse accompli sur une terre non encore récoltée, justifier qu'on s'était mis en règle avec le propriétaire. En tous cas, s'agissant d'une matière pénale, c'est au propriétaire à spécifier que son consentement est limité; et l'obscurité de la permission doit s'interpréter en faveur du prévenu. — Mais il est évident que le propriétaire qui a consenti en termes généraux à laisser chasser sur ses terres, n'a donné ce consentement que sous la réserve qu'il ne serait causé aucun dégât aux récoltes non encore enlevées, et que cette réserve n'a pas besoin d'être exprimée pour qu'il puisse réclamer des dommages-intérêts, devant la juridiction civile, au chasseur qui aurait fait un usage abusif de la permission en endommageant ses récoltes.

Qui peut le plus peut le moins; le propriétaire peut autoriser quelqu'un à chasser sur ses terres une espèce déterminée de gibier; et si ce permissionnaire tue une pièce de gibier d'une espèce différente de celle qu'il avait le droit de chasser, il commet un délit. Néanmoins le tribunal de Vitry-le-Français a jugé, en 1867, que si les chiens d'une personne autorisée à chasser le renard avaient forcé un chevreuil avant qu'elle ne pût les rompre, il n'y avait pas lieu de prononcer une condamnation correctionnelle. Mais ce sera un fait à examiner.

Le propriétaire peut louer sa chasse, et nous assimilons au propriétaire l'usufruitier et l'emphytéote. Ces derniers ne pouvant concéder plus de droit qu'ils n'en ont eux-mêmes, ne peuvent permettre de chasser sur les terres dont ils jouissent que jusqu'à l'expiration de l'usufruit ou du bail emphytéotique. Ainsi, le jour où l'usufruitier mourra, celui qui tenait de lui le droit de chasse perdra ce droit.

Avant 1789, la chasse ne pouvait jamais être affermée; c'était un plaisir que le roi avait bien voulu laisser aux seigneurs, il ne pouvait entrer dans le commerce.

Sous l'empire de la législation actuelle, peut-on aliéner le droit de chasse à perpétuité?

A cette question il faut répondre négativement. En principe, la loi ne veut pas que l'on puisse démembrer la propriété comme on le faisait à l'époque féodale; elle ne veut pas que l'on puisse créer des servitudes personnelles. Les seules servitudes que la loi autorise sont, aux termes de l'article 637 du Code civil, « les charges imposées sur un héritage pour l'usage et l'utilité d'un héritage appartenant à un autre propriétaire. »

Qu'en devons-nous conclure? que celui qui aliène à perpétuité en faveur d'une personne par lui désignée et de ses héritiers le droit de chasse sur sa propriété, crée une servitude personnelle prohibée par la loi, et que cet acte n'a aucune valeur; mais que si ce droit est concédé en faveur du fonds voisin, il constituera une véritable servitude réelle, autorisée par la loi. Une vive controverse s'est engagée sur ce point, mais ne trouvons-nous pas dans notre dernière hypothèse tous les éléments de la servitude réelle? Il faut que la servitude soit utile au fonds dominant, en facilite l'exploitation, ou qu'elle en augmente les agréments; la dernière de ces conditions n'est-elle pas accomplie? On n'a jamais mis en doute qu'un propriétaire puisse, à titre de servitude, concéder à son voisin le droit de puiser de l'eau à sa fontaine; pourquoi ce propriétaire ne pourrait-il pas concéder de même au propriétaire de l'héritage voisin le droit de chasser sur ses terres?

La Cour de cassation semble se rapprocher de notre doctrine; elle a jugé que la concession du droit de chasse, dans une forêt, faite à tous les habitants d'une commune, constitue une véritable servitude réelle, et par un arrêt du 13 décembre 1869, elle a jugé que s'il n'était pas permis de concéder à un particulier, pour lui et ses descendants, à perpétuité, un droit de chasse et de pêche sur un terrain qui ne lui appartient pas, il en est autrement d'une commune, qui peut concéder un droit de ce genre sur les bois communaux, dès l'instant qu'elle a soin de stipuler que ce bail sera résilié de plein droit si les biens communaux sont vendus ou partagés. Grâce à cette restriction, la clause de perpétuité devient licite et obligatoire.

Mais, supposons un bail ordinaire; le locataire pourra-t-il, s'il n'est pas intervenu de conventions contraires, céder son droit à un tiers? On l'enseigne généralement, et nous ne connaissons aucun document de jurisprudence refusant au locataire d'une chasse le droit de céder son bail. En thèse générale, ces sortes de conventions ne sont pas réputées faites en vue de la personne. Nous pensons même que si, par une clause expresse, le propriétaire a interdit à son locataire de rétrocéder son bail, celui-ci pourra néanmoins donner des permissions à qui lui plaira; car, pour interpréter les conventions, il faut avant tout respecter les termes mêmes du contrat et éviter de les étendre.

Il est aussi utile de faire enregistrer un bail de chasse qu'un bail ordinaire.

Le droit de chasse, lorsqu'il est exercé par le propriétaire du sol, ne peut entrer comme produit dans le calcul des valeurs assujetties au droit de mutation par décès; mais s'il fait l'objet d'un bail consenti par le propriétaire à un tiers et à l'état de bail courant au moment du décès, ce bail doit, par application de la règle générale de l'article 15 de la loi du 22 frimaire an VII, qui déclare que l'évaluation de la valeur sujette au droit sera faite d'après le prix des baux courants, servir de base au calcul du droit à mutation exigible.

Quand un propriétaire loue sa chasse, en se réservant l'autorisation de chasser pour lui-même, il ne peut sous aucun prétexte céder à un tiers ce droit qui lui est essentiellement personnel, ni faire chasser d'autres personnes avec lui ; il a aliéné son droit de chasse, et n'est qu'un permissionnaire ordinaire.

Mais le propriétaire peut-il demander résiliation du bail de chasse avec dommages-intérêts pour abus de jouissance ? En un mot, le locataire d'une chasse est-il tenu de jouir comme un bon père de famille, ou peut-il à son gré détruire le gibier ? Nous pensons qu'il ne faut apporter aucune limite à l'exercice de son droit. Le gibier, par sa nature même, ne saurait être assimilé à un produit. Sous l'empire de notre législation, qui ne le considère point comme étant la propriété de la personne sur le terrain de laquelle il se trouve, comment pourrait-on constater l'abus de jouissance ?

L'induirait-on de l'emploi d'un personnel trop nombreux de chasseurs ou de journées de chasse trop fréquentes ? Mais le contrat n'a pas fixé de limites au nombre des invités ou des parties de chasse, et, d'ailleurs, l'abus de jouissance doit être établi par les résultats et non par les moyens employés ; or, le résultat ne peut être que la destruction d'un trop grand nombre d'animaux, qui, lorsqu'ils vivaient, n'étaient la propriété de personne.

4.

Il en serait autrement, si le locataire se servait d'engins prohibés.

Deux modes de chasse sont autorisés : « à tir et à courre, » la loi n'en reconnaît pas d'autres, et le propriétaire est réputé avoir stipulé de son locataire qu'il ne chasserait pas autrement; si donc le locataire chasse avec des engins prohibés, il s'expose, sans préjudice des poursuites de la part du ministère public, à une action qui pourra être exercée contre lui par le propriétaire, car il est sorti des termes du contrat, et il y a eu, de sa part, abus de jouissance.

Cette question n'a jamais été soulevée, et nous ne connaissons sur ce point aucun document de jurisprudence; elle présente cependant un grand intérêt maintenant que les chasses tendent de plus en plus à devenir artificielles, et que les propriétaires font élever chaque année des couvées de perdrix et de faisans.

VII

DU DROIT DE SUITE.

« Pourra n'être pas considéré comme délit de chasse, le fait du passage des chiens courants sur l'héritage d'autrui, lorsque ces chiens seront à la suite d'un gibier lancé sur la propriété de leurs maîtres, sauf l'action civile, s'il y a lieu, en cas de dommage. » Article 11, de la loi de 1844.

Tel est le texte qui régit notre matière et que nous allons nous efforcer de commenter brièvement.

Le droit de suite n'existe pas ; le chasseur ne peut pas accompagner sur le terrain du voisin ses chiens poursuivant un animal lancé chez lui ; bien plus, en thèse générale, le passage des chiens courants sur l'héritage d'autrui constitue un délit, puisque ce n'est qu'accidentellement que ce fait pourra ne pas être considéré comme délictueux.

Qu'a donc voulu le législateur ? Empêcher la chasse sur le terrain d'autrui, réprimer le braconnage. Dégageons donc sa pensée de cet article mal rédigé.

Lors de la discussion du projet de loi devant les Chambres, la répression du braconnage était la principale préoccupation de tous les esprits; cela ressort clairement de la plupart des discours prononcés à l'occasion du droit de suite. Faire résulter un délit du simple passage d'un chien courant sur la propriété d'autrui, c'était rendre la chasse à courre impossible. Déclarer qu'en principe un tel fait ne serait jamais délictueux, c'était favoriser le braconnage; et l'on citait l'exemple du propriétaire d'un arpent de bois qui pourrait impunément faire chasser chaque jour ses chiens sur les terres du voisin.

Cet exemple était bien mal choisi pour des légistes. En effet, ce petit propriétaire, s'il attaque sur ses terres, a les mêmes droits que celui qui possède une grande étendue; et l'exiguïté de son bien ne saurait en rien modifier la nature du fait qu'il accomplit; s'il excite ses chiens à lancer une pièce de gibier chez le voisin, il commet un délit de chasse sur le terrain d'autrui, sans qu'on ait encore besoin de s'occuper de l'étendue de ses propriétés.

On a donc rédigé notre article 11 en abandonnant la solution de la question à l'arbitraire du juge; mais le législateur a indiqué sa pensée : il veut que le chasseur rompe ses chiens; ou, comme c'est la plupart du temps impossible, qu'il évite de les exciter à la poursuite du gibier sur les terres qui ne sont pas les siennes.

Nous nous plaçons dans l'hypothèse où un animal lancé par les chiens, sans être harassé, ni blessé mortellement, passe dans une division où le chasseur qui l'a lancé n'a plus le droit de chasse.

Les chiens suivent sans être excités par le maître, il n'y a pas de délit.

Pourquoi la loi ne dit-elle point qu'un semblable fait ne devra jamais être considéré comme délit ?

Pourquoi fait-elle une distinction entre les chiens courants et les autres chiens ? Est-ce parce qu'il sera plus difficile de rompre les chiens courants que d'arrêter un pointer indocile ? Mais cette disposition ne donne-t-elle pas matière à bien des procès ? N'est-elle pas injuste en ce qu'appliquée dans toute sa sévérité elle expose les chasseurs en plaine à des procès continuels ? La jurisprudence a, dans plusieurs circonstances, pour pallier la rigueur du droit, décidé qu'un chien de garde et qu'un épagneul étaient des chiens courants; ce qui prouve combien la loi est défectueuse !

Reprenons notre hypothèse : si les chiens poursuivant un animal sur la propriété d'autrui ne reviennent pas malgré les appels du maître qui désire rentrer chez lui ou faire un autre lancer, celui-ci doit-il attendre patiemment leur retour ? Ne lui est-il pas permis d'aller à leur recherche ?

On lui accorde généralement le droit de pénétrer chez le voisin, pourvu qu'il ne soit pas en attitude de chasse, et qu'il ne s'y introduise pas dans le but de tuer l'animal poursuivi, de relever un défaut ou d'exciter la meute par un simple bien-aller. Il n'est pas nécessaire que le chasseur prenne la précaution d'enlever les cartouches de son fusil; cette mesure, utile pour éviter les contestations, n'est pas essentielle pour démontrer qu'il ne chasse point.

Les circonstances rapportées à l'audience et la rédaction du procès-verbal éclaireront le tribunal, qui appréciera si le prévenu était ou n'était pas en attitude de chasse.

Mais dans ce cas, ce ne sera pas à celui qui poursuit qu'incombera le fardeau de la preuve; c'est à celui qui est actionné de prouver qu'il se trouve dans l'exception prévue par l'article 11.

La jurisprudence se montre peu favorable au prévenu; elle décide que, si au lieu d'un simple passage accidentel, les chiens séjournent sur le terrain d'autrui pendant un temps assez long, et y chassent sans que leurs maîtres fassent aucun effort pour les en faire sortir, le principe général doit recevoir son application; que c'est à celui qui provoque l'excuse à prouver qu'il s'est trouvé dans l'hypothèse même que la loi a prévue; et que s'il n'apporte pas sa justification, le caractère délictueux du fait de chasse régulièrement constaté contre lui subsiste et doit être suivi d'une condamnation.

La Cour de cassation, dans un arrêt du 18 décembre 1866, déclare punissable toute personne qui, omettant de rappeler ses chiens, attend, sur ses propres terres, en attitude de chasse, qu'ils lui ramènent le gibier poursuivi.

Mais supposons la bête de chasse forcée ou blessée de telle façon qu'il est impossible qu'elle échappe au chasseur ; si elle se réfugie sur le terrain d'autrui, ne peut-on l'y suivre et s'en emparer? Si elle y tombe morte, la question ne présentera pas de difficulté, le chasseur en la tuant en a fait sa propriété, c'est son bien qu'il va ramasser, peu importe en quel endroit. Nous admettons même avec M. Villequez que, pour la retrouver plus facilement, il la fasse chercher, si cela est nécessaire, par son chien d'arrêt; il ne chasse pas, car la chasse est la poursuite du gibier vivant.

La plupart des jurisconsultes assimilent la pièce de gibier mortellement blessée à celle qui a été tuée. Quelques auteurs vont plus loin et donnent un droit au chasseur sur la pièce que son chien poursuit ou même tient simplement en arrêt.

Raisonner ainsi n'est pas interpréter la loi, c'est la faire.

Tirer devant le chien ou sous l'arrêt du chien d'une personne étrangère est un fait inqualifiable, mais légal; ce n'est pas d'ailleurs aux tribunaux qu'on en demanderait réparation si l'on pouvait l'obtenir.

M. Villequez, dans son excellent traité, reconnaît au chasseur le droit d'achever sur la propriété d'autrui l'animal qu'il a grièvement blessé sur le sien ; mais la Cour de cassation, dans trois arrêts rendus en 1868, 69 et 70, a fixé une jurisprudence bien différente et qui peut se résumer ainsi: Si la bête de chasse est atteinte de telle façon que les chiens, sans l'aide du chasseur, puissent en devenir maîtres, le chasseur a le droit de l'aller chercher ; mais ce droit elle le lui refuse si l'animal leur résiste et peut échapper.

Un chevreuil est blessé de deux coups de fusil, le chasseur met son arme en bandoulière, suit ses chiens et leur arrache ce chevreuil dans une partie de forêt où il n'avait pas le droit de chasse, il n'a commis aucun délit ; mais un sanglier atteint de plusieurs balles fait tête aux chiens, en tue et blesse plusieurs, il n'est pas permis de l'achever, parce qu'il se peut qu'il démonte la meute et reprenne sa course.

De telles décisions nous semblent bien sévères et rendent impossible la chasse des grands animaux ; nous ne partageons pas l'opinion des auteurs qui, dans l'état actuel de la législation, donnent au chasseur un droit sur la pièce de gibier que ses chiens poursuivent, mais nous n'allons pas jusqu'à nous ranger à l'avis de la Cour de cassation. Qu'on interdise au chasseur d'exciter ses chiens à la poursuite d'un animal qui fait sang et qui, selon toute probabilité, est blessé grièvement, cela se comprend encore ; mais qu'on lui refuse le droit d'achever un sanglier aux abois et en lutte avec sa meute, c'est ce qu'un vrai chasseur, quelque imbu qu'il puisse être des principes du droit, ne saurait jamais admettre.

VIII.

DES MODES AUTORISÉS ET ENGINS PROHIBÉS

La loi ne permet de chasser que de deux façons : à tir et à courre ; elle prohibe l'emploi de tous engins propres à appréhender ou même simplement à attirer les animaux sauvages ; elle va plus loin, et punit la simple détention des engins prohibés. Il importe donc de faire dès maintenant la distinction entre les engins prohibés proprement dits, et les appeaux appelants ou chanterelles dont l'emploi seul constitue un délit. Quand nous aurons traité, dans la première partie de ce chapitre, des modes de chasse interdits, nous examinerons avec quelques détails les éléments constitutifs de la détention délictueuse.

Dans l'état actuel de la législation, il serait impossible d'employer, comme on le faisait autrefois, des faucons à la chasse ; et quelques-uns de nos meilleurs jurisconsultes, parmi lesquels on peut compter M. Berriat-Saint-Prix, vont même jusqu'à refuser au chasseur le droit de servir la bête au couteau. Nous n'acceptons pas ce rigorisme, qui rend impossible la chasse à courre. Si nous nous plaçons au point de vue

5

du droit, l'animal de chasse est forcé quand le piqueur où le maître d'équipage lui donne le coup de dague; et d'ailleurs, c'est plutôt à l'esprit de la loi qu'à son texte que nous devons nous attacher. Nous aurions bien de la peine à concevoir qu'une condamnation pût être prononcée contre celui qui, au lieu de se servir d'un fusil, aurait tué une pièce de gibier soit à coups de pierres, soit à l'aide d'un bâton.

Ce que le législateur a voulu prohiber, c'est la destruction du gibier, que l'emploi de certains engins ou de certains animaux rendrait trop facile; il permet la chasse à courre et néanmoins interdit l'usage du lévrier.

On ne peut, à moins qu'un arrêté préfectoral ne l'ait momentanément autorisé, chasser en s'aidant de piéges, de filets, de glu, de paniers, d'appeaux, d'appelants ou de chanterelles.

Mais la jurisprudence ne classe pas parmi les engins prohibés les appeaux, les banderolles et les miroirs. Et cependant quelle est la qualité distinctive des engins et des appeaux? N'est-ce pas d'appréhender, retenir ou attirer le gibier? Les banderolles ne le retiennent-elles pas? Le miroir n'attire-t-il pas les alouettes comme la chanterelle attire les coqs-perdrix? L'emploi de substances vénéneuses ayant la vertu d'endormir le gibier et d'en faciliter la capture, n'est-il pas sévèrement puni; et l'effet du miroir sur l'alouette ne peut-il pas lui être assimilé?

Mais la chasse à l'aide de banderolles ou de miroirs

n'est pas celle des braconniers; c'est un plaisir très-dispendieux qu'on peut accorder sans craindre de voir la France dépeuplée de gibier. Voilà les véritables considérations qui ont guidé les juges dans l'interprétation de la loi.

Les appeaux sont des espèces de sifflets au moyen desquels on imite le cri de réclame des oiseaux. L'appelant est l'oiseau captif dont on se sert pour attirer par ses cris ceux de son espèce. La chanterelle est le nom que l'on donne à la poule de la perdrix à laquelle on fait jouer le rôle d'appelant. On ne peut donc, disent la plupart des jurisconsultes, ranger le miroir dans la classe des appeaux ou des chanterelles, dont le sens parfaitement défini ne se prête pas à cette assimilation.

C'est dans ce sens que s'est prononcée la cour de Besançon, le 12 janvier 1866.

Les banderolles ne peuvent être assimilées aux engins prohibés qui *par eux-mêmes* doivent procurer la capture ou la mort du gibier; la Cour de cassation, dans un arrêt du 16 juin 1866, l'a décidé ainsi.

Ces distinctions subtiles nous donnent la solution que nous désirons en fait, mais contre laquelle nous maintenons nos critiques en droit.

Nous avons d'autant plus le droit de nous étonner du libéralisme de la jurisprudence que nous y sommes peu habitués. En effet, la cour de Paris a, le 16 février 1869, rendu un arrêt qui nous semble bien rigoureux; elle a jugé que le fait de reprendre des faisans à l'aide

de cages dites cages à poulets, constitue un fait de
chasse à l'aide d'engins prohibés, alors même que la
chasse est ouverte, et que le propriétaire du bois n'a
eu d'autre but que d'empêcher une trop grande destruction de faisans en en conservant quelques-uns
jusqu'au printemps pour la reproduction.

Cet arrêt qui, tout d'abord, étonne et semble in-
compréhensible, s'explique cependant. Il fallait juger
en droit; si au lieu de faisans vous supposez que ce
soient d'autres animaux sauvages et n'ayant pas été
élevés dans la domesticité que le délinquant aurait
pris à l'aide de la cage à poulet, la contravention pa-
raîtra indiscutable. Quand les faisans ont été lâchés
par leur propriétaire, ils sont devenus du gibier, le
maître a perdu les droits qu'il avait sur eux lorsqu'ils
étaient dans la domesticité, et ces volatiles suivent la
condition du gibier ordinaire.

Pour prendre une décision opposée à celle qu'elle a
prise, la Cour devait reconnaître que les faisans ne
pouvaient être assimilés au gibier; qu'ils étaient la
propriété de l'éleveur, et qu'il sera loisible à celui-ci
de les reprendre quand, où, et comme il lui plaira.
Mais quelles conséquences aurait entraînées cette in-
novation? Il faut bien sacrifier souvent les faits aux
principes, et trancher en droit les questions.

En poussant plus loin les conséquences de cette
jurisprudence, nous dirons que tous les animaux de
la catégorie des animaux sauvages et rangés dans la
classe du gibier, alors qu'ils s'échappent de la domes-

ticité, reprennent le caractère du gibier. J'élève un chevreuil, il s'échappe et gagne une contrée où il n'y en a jamais eu ; un chasseur le rencontre, il sait que que cet animal m'appartient ; il le tue, le chevreuil est à lui. S'il eût, en pareille circonstance, pris un mouton, il aurait commis un vol.

Admettons, un instant, que ce chevreuil ou ces faisans élevés dans des enclos demeurent la propriété du maître qui les met en liberté : la personne qui les tuerait, ignorant qu'ils appartiennent à quelqu'un, ne commettent ni vol, parce que pour voler il faut l'intention frauduleuse, ni délit de chasse, parce que la chasse est la poursuite des animaux sauvages, ce qui ne rentre pas dans notre hypothèse.

Nous ne citons cet exemple que pour indiquer les conséquences fatales d'un arrêt prononcé en droit.

Il est inutile d'énumérer les engins prohibés, après la définition générale que nous en avons donnée ; mais la distinction à établir entre les appeaux appelants et chanterelles et les engins prohibés va nous devenir fort utile.

L'article 12 de la loi de 1844 punit des mêmes peines celui qui a chassé avec les appeaux ou engins, et celui qui a été trouvé porteur ou simplement détenteur de filets ou autres instruments prohibés.

La jurisprudence demeura longtemps indécise ; les Cours d'Orléans et de Limoges dans leurs arrêts du 9 mai 1859 et du 21 janvier 1858 assimilaient les appeaux appelants et chanterelles aux engins prohibés; par suite elles en punissaient la simple détention.

Mais la Cour de cassation, dans son arrêt du 16 juin 1866, dont nous avons déjà parlé à l'occasion des propriétés closes, enseigne un système qui, depuis, a été généralement adopté par les différents tribunaux saisis de la question. S'appuyant sur le texte même de la loi, elle fait une distinction entre les appeaux appelants et chanterelles et les engins de chasse. L'usage des appeaux est interdit aussi formellement que celui des engins; mais la détention n'en est pas prohibée, car l'article 12 de la loi de 1844 porte § 3: « Seront punis d'une amende ceux qui seront déten-teurs, ou ceux qui seront trouvés munis ou porteurs, hors de leur domicile, de filets, engins, ou autres instruments de chasse prohibés, » et ce n'est qu'au § 6 du même article qu'il est parlé de « ceux qui auront chassé avec appeaux appelants et chante-relles. »

Nous pensons que cette distinction est absolument arbitraire, et que la détention des appeaux est punis-sable au même titre que celle des autres engins. Que dit notre article 12 ? « Seront punis ceux qui seront trouvés détenteurs d'engins, filets ou autres instru-ments prohibés. » Les appeaux ne sont-ils pas des instruments prohibés? La loi ne dit-elle pas « et autres instruments prohibés, dont il a été parlé. » Ce sont donc les instruments prohibés par la présente loi qu'elle a voulu désigner. Or, dans le même article,

elle interdit l'usage des appeaux appelants et chanterelles ; n'en devons-nous pas conclure que la Cour
de cassation s'est trompée lorsqu'elle a fait cette distinction qui ne peut s'appuyer ni sur l'esprit ni sur le
texte de la loi ?

Cependant, depuis 1866, comme nous l'avons dit,
différents tribunaux ont jugé dans le sens de la Cour
de cassation ; et les instruments que l'on peut saisir
sont les engins prohibés proprement dits, c'est-à-dire
ceux qui appréhendent le gibier.

Quand le caractère de ces engins sera-t-il assez
nettement déterminé pour pouvoir provoquer une
saisie ? C'est là une question de fait. Il est bien évident qu'on ne saurait considérer comme engin de
chasse tout ce qui, à la rigueur, pourrait appréhender
le gibier. Nous avons vu, dans ce chapitre, que la
Cour de cassation avait déclaré punissable le chasseur qui reprenait des faisans à l'aide de cages à poulets, et il est bien évident que nous ne considérons
pas tout détenteur d'une cage à poulets comme auteur d'un délit.

Il faudra que la destination principale de l'objet
soit la destruction ou la prise du gibier.

Si l'on trouve au domicile d'un individu de vieux
filets troués et déchirés, absolument hors d'usage ou,
du moins, incapables de servir à la chasse, il serait
illégal de les saisir ; mais il n'en serait pas de même
s'ils étaient simplement détériorés.

Nous verrons plus loin que les préfets peuvent autoriser la chasse aux oiseaux de passage, après la clôture et à l'aide d'engins prohibés par eux déterminés. Quand les arrêtés préfectoraux auront été rapportés ou que les délais fixés pour l'emploi de ces engins seront expirés, ceux qui auront chassé à l'aide de ces engins seront-ils forcés de les détruire, sous peine d'être poursuivis et condamnés conformément à l'article 12 de la loi de 1844?

Si l'on ne consulte que le texte même de la loi, ces filets doivent être détruits, car ils deviennent engins prohibés, et la détention d'un engin prohibé, quel qu'il soit, est un délit. Mais il faut suppléer à l'insuffisance du texte par la recherche du but que la loi s'est proposé d'atteindre. Est-il présumable qu'elle ait voulu faire détruire chaque année des filets très-coûteux?

Laissons-nous guider par le bon sens, et disons que si une personne poursuivie pour détention de filets de chasse prouve que l'emploi de ce filet a été momentanément autorisé par arrêté préfectoral, qu'il a été soigneusement tenu caché depuis cette époque, aucune condamnation ne saurait être prononcée contre elle.

Sans sortir du même ordre d'idées, nous déciderons qu'on ne peut poursuivre l'industriel qui fabrique ces filets et les détient chez lui pour les mettre en vente. Qui veut la fin veut les moyens; les filets ne se font pas seuls; il faut bien que ceux qui, à certaines époques, ont le droit de s'en servir, sachent où les acheter.

Nous devons, d'ailleurs, remarquer qu'il ne s'est pas élevé de controverse, à ce sujet, devant les tribu-bunaux, et que les autorités compétentes pour exercer des poursuites n'ont jamais fait rechercher les filets ou autres engins dont l'usage a été momentanément autorisé dans le pays par un arrêté préfectoral.

La recherche des engins prohibés est rendue bien difficile par les principes de la liberté individuelle et de l'inviolabilité du domicile. Hors le cas de flagrant délit, on ne peut pénétrer de force dans le domicile d'une personne qu'en vertu d'une ordonnance rendue par le juge d'instruction, sur la réquisition du ministère public.

Les juges d'instruction ne délivrent pas ces mandats de perquisition à la légère ; il est nécessaire, néanmoins, qu'ils puissent les délivrer. Un braconnier est connu comme très-adroit et fort prudent ; il est de notoriété publique qu'il chasse la nuit avec des engins prohibés. La police n'a pas encore pu le surprendre en flagrant délit ; voilà une hypothèse dans laquelle le juge d'instruction délivre le mandat de perquisition.

En cas de flagrant délit, ce qui arrive si le braconnier surpris alors qu'il chasse à l'aide d'engins prohibés, se sauve et les emporte chez lui, les juges de paix, officiers de gendarmerie et commissaires cantonaux de police ont le droit de pénétrer dans le domicile du délinquant. Ce droit est même accordé

5.

aux gardes et gendarmes assistés du maire et de son adjoint.

Si ces formalités n'étaient pas respectées, le procès-verbal serait nul, et les poursuites ne pourraient aboutir à aucune condamnation.

Si, cependant, au cours d'une perquisition légale ayant pour but tout autre chose que la recherche des engins prohibés, ces engins étaient trouvés, la Cour de cassation décide que la constatation de leur existence et la saisie seraient légales.

Nous ne saurions accepter ce système. En effet, on pourrait abuser trop souvent de prétextes pour faire la recherche d'instruments de chasse. Tout est de droit strict en matière pénale. Les agents qui se présentent munis d'un mandat de perquisition ne doivent jamais s'occuper des objets, quels qu'ils soient, qui peuvent frapper leurs yeux, et qui ne sont pas ceux-là même qu'ils ont mission de découvrir.

La personne est aussi inviolable que le domicile ; celui-là est en faute qui est trouvé porteur d'engins prohibés ; mais comment prouver qu'il en est porteur ? S'il les porte ostensiblement, le garde ou le gendarme qui s'en apercevra dressera procès-verbal ; mais s'il les tient cachés de telle façon, sous ses vêtements, qu'on puisse bien supposer leur présence, sans pourtant en être certain, un garde ou un gendarme ne pourrait exiger qu'il se laissât fouiller. Il n'y a pas de flagrant délit.

On voit, d'après ces explications, que si la loi se

montre sévère en punissant le détenteur d'engins
prohibés, elle est prudente en n'autorisant, qu'après
d'utiles formalités, la recherche de ces engins. Le
braconnier est toujours menacé par le paragraphe 3
de notre article 12, et lui seul aurait intérêt à son
abrogation.

IX

DES CHASSES DE NUIT ET EN TEMPS DE NEIGE

La chasse de nuit est interdite pour deux motifs :
d'abord parce qu'il serait dangereux de laisser des
hommes armés pendant la nuit dans un bois, et que
les braconniers poursuivis sans être reconnus se
débarrasseraient trop souvent du garde par un meur-
tre ; ensuite parce que la chasse de nuit détruirait
trop facilement le gibier.

Mais à quel moment le jour fait-il place à la nuit ?
Telle est la seule question intéressante que soulève ce
sujet.

Quant la loi fut discutée, on demanda si la chasse
à l'affût, permise sous l'empire de la loi de 1790,
allait être interdite. Voici la réponse que fit le rapporteur à l'interpellation de M. de Boissy :

« La commission a entendu prohiber d'une manière
« absolue la chasse pendant la nuit ; mais elle a
« compris que très souvent la chasse à l'affût avait
« lieu dans un temps très rapproché de la nuit, soit
« le matin, soit le soir, mais qui n'est pas la nuit.
« Vouloir aller plus loin, et définir ce qui est la nuit,

« a paru impossible à la commission ; elle a cru qu'il
« fallait, en posant le principe de l'interdiction de la
« chasse pendant la nuit, laisser les appréciations de
« fait aux tribunaux. C'est ce qui se pratique dans
« toutes les matières de fait, et notamment dans tous
« les cas où la circonstance de nuit est considérée
« comme aggravante. »

Il résulte de ces paroles qu'il est permis aujour-
d'hui de chasser à l'affût. Bien plus, il n'y a pas de
délit à préparer un affût pendant la nuit pour le
lendemain matin, puisque les actes préparatoires ne
sauraient être considérés comme un commencement
d'exécution.

C'est ainsi que la cour de Paris, dans un arrêt du
31 mars 1863, a prononcé l'acquittement de chasseurs
qui avaient posé des banderolles pendant la nuit :
il n'y a pas fait de chasse dans la pose des banderolles,
peu importe que ce soit la nuit ou le jour.

La déclaration faite à la Chambre par le rapporteur
de la commission, déclaration que nous avons trans-
crite, semble donner aux tribunaux un souverain
pouvoir d'appréciation. Mais sur quelles règles
s'appuieront-ils pour déterminer ce qu'ils appelleront
le jour et ce qu'ils appelleront la nuit?

La nuit, dit-on dans un système, commence au
coucher du soleil pour finir à son lever. Mais cette
opinion, beaucoup trop sévère, n'est pas conforme à
l'intention du législateur, qui, s'il eût voulu se montrer

rigoureux, n'aurait certainement pas permis la chasse à l'affût.

On doit chercher, suivant quelques auteurs, la définition de la nuit dans le Code de procédure civile : dans l'article 781 :

« Le débiteur ne pourra être arrêté avant le lever
« et après le coucher du soleil, » ou dans l'article
1037 : « Aucune signification ne pourra être faite du
« 1er octobre au 31 mars avant 6 heures du matin
« et après 6 heures du soir, et du 1er avril au 30
« septembre avant 4 heures du matin et après
« 9 heures du soir. »

Mais peut-on étendre, par analogie, aux matières criminelles des dispositions qui n'ont été faites que pour les matières civiles?

Ces articles du Code de procédure civile fixent des délais, mais n'indiquent nullement la nuit. Enfin ces deux articles ne s'accordent pas; comment les concilier, ou lequel des deux choisir?

La nature elle-même n'a-t-elle pas placé entre le jour qui finit et la nuit qui va commencer, un espace de temps qui n'est ni l'un ni l'autre, qui a son nom propre et forme le crépuscule?

Toutes ces raisons ont entraîné la conviction de la cour de Lyon qui, le 24 janvier 1801, rendit un excellent arrêt sur cette matière. Elle a renvoyé des fins des poursuites un individu surpris chassant le 2 décembre à 5 heures du soir. Il est défendu de chasser pendant la nuit, mais non pendant le crépuscule : il y a deux sortes de crépuscules : le crépuscule vrai ou astronomique, et le crépuscule civil. Le premier est l'espace de temps pendant lequel le soleil, placé à moins de 18 degrés au-dessous de notre horizon, l'éclaire encore plus ou moins de ses rayons réfractés, crépuscule qui dure jusqu'à la nuit noire ; le second n'est à proprement parler qu'un crépuscule conventionnel, c'est celui dont on place la fin au moment où cessent les travaux en plein air.

De ces deux acceptions, c'est la première qui doit être adoptée ; le juge doit la préférer, parce que c'est elle qui est la plus favorable au prévenu et parce que c'est elle qui répond à la réalité, les dernières lumières du jour ne s'éteignant qu'à la fin du crépuscule vrai. Au deux décembre, le crépuscule vrai a une durée d'une heure trente-cinq minutes ; en ajoutant ce temps à l'heure du coucher du soleil, 4 heures 4 minutes, on trouve que c'est à 5 heures 39 minutes que se plaçait ce jour-là la limite extrême de la nuit commencée.

On peut donc, sans craindre de commettre un délit, attendre la bécasse à la passe ; ce n'est pas autre chose que la chasse à l'affût.

L'article 9 n'interdit pas la chasse en temps de neige, mais il confère aux préfets le droit de l'interdire dans leurs départements.

Quelle est la valeur de ces arrêtés ? Sont-ils permanents ou temporaires ?

La cour de Riom, s'appuyant sur la discussion du

projet de loi devant les Chambres, et sur une circulaire dans laquelle le ministre de l'intérieur recommandait aux préfets d'examiner chaque année, au commencement de l'hiver, s'il y avait ou non lieu de prendre un arrêté relatif à la chasse en temps de neige, ne reconnaissait à ces arrêtés qu'un caractère temporaire; mais la Cour de cassation, dans un arrêt rendu en chambres réunies le 29 novembre 1847, fixa la jurisprudence en sens contraire.

Tant que les arrêtés pris sur cette matière n'ont pas été rapportés ou modifiés, ils sont exécutoires, et les préfets n'ont pas besoin de les renouveler chaque année; la loi ne leur a point imposé cette obligation.

Cette doctrine universellement enseignée, et mise en pratique depuis 1847 par tous les tribunaux, ne nous paraît pas conforme à l'esprit de la loi, et nous sommes enclin à nous ranger à l'avis de la cour de Riom. En effet, si le législateur avait reconnu aux arrêtés préfectoraux ce caractère de permanence, n'aurait-il pas pris la mesure lui-même et interdit d'une façon définitive la chasse en temps de neige? Il a délégué son droit aux préfets parce qu'il a pensé que chaque année il faudrait prendre en considération l'abondance du gibier, la persistance des mauvais temps, etc.

Mais nous le répétons, l'arrêt de la Cour de cassation est formel et ne permet plus la discussion; il faut, si l'on veut chasser en temps de neige, avoir bien soin de s'informer s'il n'y a pas un ancien arrêté du préfet interdisant la chasse.

Les tribunaux apprécieront ce que l'on peut appeler le temps de neige; leurs jugements sur ce point échappent à la censure de la Cour de cassation, puisqu'ils ne se prononcent que sur un fait. Il est évident que le moindre grésil ne suffirait pas à établir le temps de neige, mais il ne sera pas nécessaire pour que l'on puisse invoquer la prohibition et exercer des poursuites que la terre soit recouverte de plusieurs pieds de neige.

Il faut avant tout rechercher le but poursuivi par la loi que l'on veut appliquer.

Le but, ici, c'est d'empêcher une destruction trop facile du gibier. Nous serons donc en temps de neige, aux termes de la loi de 1844, quand la terre sera recouverte de façon à permettre aisément de suivre le gibier à la piste.

Les arrêtés préfectoraux statuent la plupart du temps d'une façon générale, mais ils peuvent n'interdire que la chasse d'une ou de plusieurs espèces de gibier déterminées.

Il nous reste une dernière question à examiner. Peut-on en temps de neige chasser les animaux malfaisants ou nuisibles ?

En principe, il faut répondre négativement; si le préfet n'a pas pris soin d'excepter ces animaux de son arrêté, il n'est pas permis de les chasser; mais les propriétaires possesseurs ou fermiers sur leurs terres ont toujours le droit de les détruire, même en temps de neige.

On comprendra les motifs de cette distinction lorsqu'on aura lu le chapitre où nous traitons spécialement de la destruction des animaux malfaisants et nuisibles.

X.

DU TRANSPORT ET DE LA VENTE DU GIBIER

En interdisant, pendant le temps où la chasse n'est pas permise, la vente, l'achat, le transport et le colportage du gibier, l'article 4 de la loi de 1844 porte un grand coup au braconnage.

Nous nous occuperons de ce qui peut toucher le véritable chasseur, laissant de côté ce qui regarde le braconnier, l'aubergiste ou le restaurateur.

Les termes généraux de notre article sembleraient indiquer qu'en temps de neige le transport du gibier est interdit; car la loi, sans spécifier davantage, parle du temps où la chasse n'est pas permise. Mais trois arrêts de cassation de 1848, et un arrêt de la Cour de Rennes de 1850, établissent que le transport du gibier en temps de neige est licite, et que la loi n'a eu en vue que le temps qui sépare l'époque de la clôture de celle de l'ouverture de la chasse. Nous pensons que ces décisions ont sagement interprété la loi; en effet, une personne peut avoir tué beaucoup de gibier avec l'intention de l'expédier le lendemain : la neige vient à tomber, on ne saurait la forcer à garder pour

elle seule le produit d'une chasse trop fructueuse ou
à laquelle plusieurs autres ont pris part.

Il est bien difficile de déterminer ce que la loi entend par gibier, ce qu'elle défend de transporter en
temps prohibé.

Les auteurs s'accordent à reconnaître qu'il ne faut
pas confondre sous cette appellation tous les animaux
sauvages dont la destruction constitue un fait de
chasse. L'article 4 ne vise que le gibier mangeable.

Plusieurs jurisconsultes donnent des énumérations
différentes; les uns y font entrer le cygne sauvage,
le rouge-gorge, etc.; les autres reconnaissent que ce
sont bien des animaux sauvages, mais non du gibier;
quant à nous, c'est pour les chasseurs que nous écrivons, nous ne croyons pas devoir dresser un tableau
de ce que nous considérons comme gibier. Que le
chasseur prenne pour guide son instinct, ses idées
innées; il n'est pas probable qu'il se trompera. Certains auteurs estiment que les geais et les courlis
entrent dans la classe du gibier; nous n'acceptons pas
cette classification.

La question offre de l'intérêt pour les chasseurs
qui, autorisés à chasser dans leurs propriétés closes,
ont pu tuer quelque oiseau rare, un balbuzard par
exemple, qu'ils désirent envoyer à l'empailleur.

Quant au gibier exotique, qui ne peut s'acclimater
en France, l'administration en permet avec raison
l'importation.

C'est ainsi que nous recevons d'Écosse de nombreux envois de grouses.

La loi qui régit la chasse n'a qu'un but, c'est de réprimer le braconnage et d'empêcher la destruction du gibier en France. Prohiber l'entrée du gibier exotique, c'eût été léser inutilement les intérêts commerciaux.

Nous verrons plus loin, comme nous l'avons déjà dit, que les propriétaires possesseurs et fermiers sur leurs terres, ont toujours le droit de détruire les bêtes fauves, et quelquefois celui de tuer les animaux malfaisants et nuisibles. Ces deux catégories d'animaux peuvent comprendre du gibier; on ne peut néanmoins se prévaloir des circonstances légales dans lesquelles ce gibier a pu être tué pour en opérer le transport.

Mais il ne faut rien exagérer, et on ne doit pas en conclure que le chasseur soit forcé de consommer ces animaux sur place ou de les abandonner : il peut les rapporter à son domicile sans commettre aucun délit.

L'administration prend même dans certains cas des mesures fort utiles : quand des battues ou des destructions ont été ordonnées, on permet de vendre dans la ville la plus plus proche, et même quelquefois de transporter dans tout le département les animaux qui ont été tués. C'est ainsi qu'à Fontainebleau et à Compiègne il n'est pas rare, dans les mois de mai et de juin, de voir des cerfs, biches et sangliers exposés à la devanture des magasins de marchands de comestibles.

Souvent aussi, après la clôture de la chasse, on trouve aux halles de Paris des lapins de garenne expédiés de province ; c'est que les préfets des départements voisins, d'accord avec le préfet de police, en ont autorisé le transport alors qu'ils ont été tués comme animaux nuisibles, et qu'on a compris que la rigueur des principes devait fléchir devant l'utilité commerciale.

Pour que le gibier puisse être transporté, il ne suffit pas que la chasse soit ouverte dans le département de l'expéditeur et dans celui du destinataire, il faut encore qu'elle le soit dans les département où le gibier doit passer. Cette mesure peut paraître sévère, mais est utile pour éviter la fraude.

Il résulte d'une circulaire ministérielle de 1862, que lorsque après la clôture de la chasse en France on prétend importer de l'étranger du gibier, il doit être refusé à la douane et réexpédié ; mais alors il n'y a pas lieu à la saisie ordonnée par notre article 4. Il en serait autrement si, à cette époque, on voulait exporter du gibier de France dans les pays étrangers. Ces mesures s'expliquent d'ailleurs très-naturellement.

Aujourd'hui beaucoup de propriétaires désirent, avant l'ouverture de la chasse, peupler leurs parcs, mettre des faisans dans leurs bois, lâcher des perdreaux dans leurs champs : ce n'est assurément pas faire acte de braconnier ; et cependant si l'on ne consultait que la loi, le seul transport de ces volatiles constituerait un délit.

De nombreuses pétitions furent soumises à ce sujet au chef du gouvernement, et le ministre de l'intérieur, dans une circulaire du 22 juillet 1851 adressée aux préfets, déclara qu'il ferait droit aux demandes qu'on lui adresserait, et permettrait quand il le jugerait utile, dans un but de reproduction, le transport du gibier vivant.

Dans la pratique on se passe bien souvent de cette formalité ; mais c'est à tort, car on court le risque d'être poursuivi, alors qu'en écrivant une simple lettre on est certain de ne pas essuyer un refus.

Dès que la chasse est close, le transport du gibier est interdit; la loi par trop rigoureuse ne donne aucun délai, bien plus le matin même du jour de la clôture on ne peut expédier le gibier, qui doit rester en route plus longtemps que la journée. C'est une mesure par trop rigoureuse, et que nous croyons préjudiciable ; mais si nous avons le pouvoir de critiquer la loi, nous n'avons pas celui de la modifier.

Cet article, sévère pour le chasseur, l'est encore plus pour le marchand de gibier, qui, en droit, ne peut vendre les approvisionnements qu'il a pu faire avant la clôture.

La tolérance administrative a su pallier la rigueur du droit en permettant pendant quelques jours aux marchands de comestibles de vendre le gibier qu'ils ont dans leurs magasins. Mais une loi bien faite ne devrait pas laisser place à ces compromis: plus on admet la tolérance, plus on reconnaît que la loi est défectueuse.

Il est interdit d'acheter du gibier en temps prohibé: peu importe que ce gibier soit vivant ou mort, qu'il soit cuit ou qu'il soit cru. Nous ne comprenons pas l'exception faite par MM. Berriat et Championnière en faveur du gibier en pâté ; il y aurait, disent-ils, une véritable vexation à ouvrir les pâtés chez les traiteurs. Cela prouve que l'application de la loi peut être difficile, mais n'empêche pas la loi d'exister.

L'acheteur peut être de bonne foi, et ignorer que ce qu'il achète est du gibier. On ne peut dans ce cas verbaliser contre lui.

Une controverse s'est élevée sur le point de savoir s'il était permis, en temps prohibé, d'acheter, vendre, transporter des conserves et salaisons de gibier tué avant la clôture de la chasse.

On répond généralement affirmativement à cette question qui a même été tranchée dans ce sens par un arrêt de cassation du 21 décembre 1844. C'est ouvrir la porte à la fraude, car il sera le plus souvent impossible aux agents de l'administration d'avoir la preuve que le gibier qu'ils veulent saisir a été tué depuis la clôture de la chasse.

Rien n'est plus facile que d'habiller en conserves le produit du braconnage. Mais on a fait remarquer que nous recevions de l'étranger de nombreux envois de gibier en conserves, qu'il fallait tenir compte des raisons économiques, et qu'enfin si l'on voulait se montrer trop sévère on devrait empêcher la vente des extraits de viande dont le gibier est presque toujours l'élément essentiel.

Nous avons dit que le délit de transport de gibier ne pouvait être commis que sciemment. Le voiturier n'est pas punissable s'il a ignoré ce que contenaient les colis qu'il était chargé de transporter; cela arrive dans le cas où l'expéditeur fait une fausse déclaration. Le messager et le facteur ne sont pas tenus de vérifier les envois.

La simple détention du gibier n'est jamais interdite. Néanmoins l'autorité administrative peut faire des recherches chez les aubergistes, hôteliers, restaurateurs; si ces recherches amènent la découverte de gibier, une condamnation sera-t-elle inévitable? Non, car la loi, au point de vue de la simple détention, ne fait aucune différence entre les aubergistes et les particuliers; ce qu'elle punit, c'est la mise en vente. Les circonstances de fait entraîneront la conviction du juge. Si on trouve chez l'aubergiste du gibier tout préparé, destiné à paraître sur la table des voyageurs, il sera punissable; mais si la perquisition n'amène que la découverte de faisans ou perdreaux élevés par l'hôtelier comme oiseaux de luxe, ou destinés à son usage particulier, nous ne savons sur quels motifs on pourrait fonder une condamnation.

Indépendamment des peines prononcées par l'article 12, la loi, dans l'article 4, ordonne la confiscation

du gibier. Elle prend des mesures prudentes en n'autorisant les gardes, gendarmes et agents de l'administration à saisir qu'après avoir dressé procès-verbal et obtenu, soit une ordonnance du juge de paix, soit l'autorisation du maire. Si le procès-verbal était irrégulier, le juge de paix pourrait refuser de délivrer son ordonnance, et le maire de donner son autorisation.

Le gibier pris est envoyé au bureau de bienfaisance le plus proche.

La loi n'a pas restreint à certains agents le droit de saisir et faire les perquisitions; les personnes désignées dans les articles 22 et 23 seront donc compétentes suivant leurs attributions.

XI

DES OISEAUX DE PASSAGE ET DU GIBIER D'EAU

L'article 9 de la loi de 1844 a donné aux préfets le droit de fixer une ouverture et une clôture spéciale pour la chasse aux oiseaux de passage ; elle leur a même permis d'autoriser, dans ce but, l'emploi d'engins prohibés. Cette tolérance était nécessaire, car tous les oiseaux ne se localisent pas comme la perdrix ; les bécasses, par exemple, ne séjournent dans nos contrées qu'à une époque où la chasse est interdite ; c'est au mois de mars, alors que la clôture a eu lieu, qu'on peut utilement les chasser. Ne pas faire d'exception en faveur des oiseaux de passage, c'eût été inutilement, nous ne dirons pas priver le pays d'une de ses ressources, mais tout au moins le chasseur d'un de ses plus grands plaisirs.

Nous n'avons pas donné de définition du gibier, nous n'en donnerons pas des oiseaux de passage, pour le même motif : parce que cette définition ne se trouve dans aucun texte de loi ; parce que les auteurs eux-mêmes ne s'accordent pas sur cette définition, et enfin parce que les chasseurs pour qui nous écrivons savent que les oiseaux de passage sont ceux qu'ils ne rencontrent pas en tous temps, mais qu'ils retrouvent chaque année à une certaine époque dans les champs ou les bois qu'ils parcourent.

Parmi ces oiseaux, la loi a fait une distinction : elle excepte la caille de la mesure prise en faveur des chasseurs, et ne permet pas aux préfets d'en autoriser la chasse en dehors des époques ordinaires. Cette exception a été suggérée par des réflexions fort justes : la caille arrive dans nos pays à une époque où sa chasse serait préjudiciable aux intérêts de l'agriculture et servirait de prétexte pour chasser et détruire toute espèce de gibier ; son séjour est assez long pour qu'on puisse la trouver après l'ouverture.

La grive, le merle, l'alouette, le pinson, la mésange et le rouge-gorge furent longtemps considérés comme oiseaux de passage ; des arrêtés préfectoraux autorisaient à les chasser exceptionnellement, du 15 septembre au 15 novembre, d'après les modes et procédés spéciaux ; mais aujourd'hui on les classe parmi les oiseaux sédentaires, d'après l'avis des professeurs du Muséum.

Un arrêt a été rendu par la cour de Nîmes, le 5 janvier 1860, décidant qu'on ne doit considérer comme oiseaux de passage dans le sens de la loi du 3 mai 1844, que ceux qui, à des époques déterminées, se transportent par troupes dans les pays lointains, et qu'on ne peut regarder comme tels ceux qui vont d'un département à l'autre et restent toujours, en plus ou moins grand nombre, sous le ciel de la France, tels que les linottes, les pinsons, les verdiers et les bergeronnettes.

Une circulaire fut adressée dans ce sens, par le ministre de l'intérieur aux préfets, le 9 juillet 1861.

Les arrêtés préfectoraux indiqueront les filets, lacets et autres engins habituellement prohibés dont ils autorisent l'usage. Mais si les préfets ont le droit dans les arrêtés qu'ils prennent pour permettre la chasse aux oiseaux de passage, d'ajouter aux modes de chasse ordinaires, ils ne peuvent rien y retrancher, et ne pourraient, par exemple, interdire l'usage du fusil.

Quand, dans un département, la chasse aux oiseaux de passage est permise, il faut, en conséquence, permettre aussi le transport de ces oiseaux et leur mise en vente.

Mais on ne saurait, pour les expédier dans un département où cette chasse n'est point autorisée, se prévaloir de ce qu'ils ont été tués légalement.

Le gibier d'eau n'est point assimilé aux oiseaux de passage ; les préfets ne peuvent pas en principe en autoriser la chasse à l'aide d'engins prohibés. Ils ne peuvent que fixer le temps pendant lequel on pourra le chasser sur les marais, étangs, fleuves et rivières.

Beaucoup d'oiseaux d'eau font leurs couvées sur nos étangs, et les petits, devenus généralement assez forts, prennent leur vol vers la fin du mois d'août pour les pays étrangers.

Si l'on n'eût pas avancé l'ouverture de la chasse

6.

pour le gibier d'eau, il est présumable que beaucoup d'oiseaux nous échapperaient.

Mais nous avons peine à expliquer cette phrase de la circulaire ministérielle du 9 juillet 1861 dont nous avons déjà parlé : « La loi, Monsieur le Préfet, vous donne « la faculté de fixer le temps pendant lequel il est « permis de chasser le gibier d'eau, mais elle ne vous « accorde pas, comme pour les oiseaux de passage, le « droit de déterminer les modes de cette chasse, qui « ne peut être faite que par les procédés ordinaires, « à moins que, sur l'avis du conseil général, certaines « espèces n'aient été rangées par l'arrêté préfectoral « dans la catégorie des oiseaux de passage. »

Cette distinction nous semble bien inutile. Y a-t-il donc dans nos pays des oiseaux d'eau véritablement sédentaires? Assurément sur certains étangs on trouve des canards pendant toute l'année, mais n'y a-t-il pas aussi des bois où l'on trouve toujours des bécasses? La bécasse en est-elle moins pour cela un oiseau de passage? La poule d'eau n'est-elle pas aussi nomade que le canard? La bécassine, le vanneau, le râle d'eau ne sont-ils pas des oiseaux de passage?

On peut donc dire en fait que les préfets peuvent autoriser l'emploi d'engins prohibés pour la chasse au gibier d'eau, car les oiseaux d'eau peuvent être par eux déclarés oiseaux de passage.

La loi dit que cette chasse pourra se faire sur les marais, étangs, fleuves et rivières; certains préfets spécifient, dans leur arrêté d'ouverture, qu'on ne pourra chasser qu'en bateau; d'autres autorisent le chasseur à marcher sur les berges. Les préfets n'ont pas reçu mission de désigner les lieux où la chasse s'exercera ; ils outrepassent leurs pouvoirs en réglementant ce point, et leurs arrêtés ne sont point obligatoires pour les tribunaux.

Nous pensons qu'on ne commet aucun délit en chassant sur les berges d'un étang ou d'une rivière, à la condition de ne point s'en écarter. Qui veut la fin, veut les moyens ; il ne faut pas que les chasseurs se croient obligés, pour rentrer dans la légalité, d'avoir de l'eau jusqu'à la ceinture.

Nous comprenons l'arrêt de la Cour de Colmar, rendu le 22 mai 1866, condamnant à cinquante francs d'amende X... qui, armé d'un fusil, suivi d'un chien qui quêtait, avait été vu chassant pendant près d'un quart d'heure sur des terres labourées dans un endroit éloigné des sources, flaques, fossés et cours d'eau fréquentés par les oiseaux aquatiques ; si cette personne n'avait cessé de chasser en réalité les oiseaux d'eau, en ne s'écartant que de quelques mètres des rives, aucune condamnation n'aurait été prononcée.

Nous avons parlé, dans notre chapitre consacré à l'ouverture et à la clôture, du droit de chasse en mer et sur la plage ; nous ne reviendrons pas sur ce sujet, et nous nous contenterons de faire remarquer que le législateur n'a pas ajouté aux étangs, marais, fleuves et rivières, la mer et son rivage ; ce qui prouve que la chasse aux oiseaux d'eau est libre en mer et n'a pas besoin d'être réglementée par des arrêtés préfectoraux.

DU DROIT DE DESTRUCTION DES BÊTES FAUVES,
ANIMAUX MALFAISANTS ET NUISIBLES
ET PIGEONS.

L'exercice du droit de chasse a été très-justement réglementé par la loi de 1844 dans l'intérêt de la conservation des récoltes et du gibier; mais la sévérité même de cette loi, qui considère comme fait de chasse la recherche et la poursuite de tout animal sauvage, aurait porté atteinte au droit de légitime défense, si un article spécial n'avait autorisé les propriétaires, fermiers et possesseurs à protéger leurs personnes et leurs biens contre le fauve et les animaux nuisibles.

Cet article mérite toute l'attention du lecteur; il est ainsi conçu : « Les préfets des départements, sur « l'avis des conseils généraux, prendront des arrêtés « pour déterminer : 1.° ; 2.° ; 3.° les espèces d'animaux « malfaisants ou nuisibles que le propriétaire, posses- « seur ou fermier pourra en tout temps détruire sur « ses terres, et les conditions de l'exercice de ce « droit, sans préjudice du droit appartenant au pro- « priétaire ou au fermier de repousser ou de détruire,

« même avec des armes à feu, les bêtes fauves qui
« porteraient dommage à ses propriétés. »

Nous allons nous efforcer de commenter ce texte,
dont chaque mot renferme des difficultés réelles.

Prenons d'abord la seconde partie, celle qui a trait
à la destruction des bêtes fauves.

C'est à proprement parler le droit de légitime défense,
que notre article 9 a consacré. Mais qu'est-ce que la
loi appelle bêtes fauves?

Qui a le droit de les détruire ou repousser? Quand
ce droit peut-il s'exercer?

En termes de vénerie, on appelle bêtes fauves : les
cerfs, chevreuils et daims ; bêtes noires : les sangliers,
et bêtes rousses : les loups, renards, blaireaux, fouines,
putois, etc. Cette définition ne peut pas être celle de
la loi ; il résulte des documents législatifs qu'on doit
comprendre sous le nom de bêtes fauves *tous les animaux sauvages qui portent dommage aux propriétés.*

Prendre ces expressions dans le sens le plus étendu,
c'est anéantir la loi ; car tous les animaux mangent, et
en mangeant portent une atteinte plus ou moins grave
à la propriété. Personne ne pense, néanmoins, que sous
ce prétexte les propriétaires ou fermiers puissent en
tout temps, sans permis de chasse, poursuivre et détruire les animaux sauvages.

La pensée du législateur nous paraît fidèlement re-
produite par cette définition que nous empruntons à
M. de Neyremand : « Le mot bêtes fauves comprend,
« non-seulement ce qu'on appelle ainsi dans la langue

« cynégétique, c'est-à-dire les cerfs, daims, chevreuils
« et chamois, mais tous les animaux sauvages, *feræ*
« *bestiæ*, quadrupèdes et volatiles qui, par leur nature
« ou par leur nombre, sont considérablement nuisibles
« à la propriété. »

C'est ainsi qu'ont pu être considérés comme bêtes
fauves : des chevreuils, par les Cours d'Orléans et de
Rouen; des pinsons, par la Cour d'Agen; des cor-
beaux, par la Cour de Rouen; des pigeons ramiers,
par le tribunal de Clermont, et enfin des pigeons domestiques, par un récent arrêt de la Cour de cassation
de Bruxelles.

Il y aura toujours une question de fait à examiner,
question très-grave : Le dommage était-il actuel ou
imminent? Le fardeau de la preuve incombera au propriétaire possesseur ou fermier qui prétendra avoir
usé de son droit.

Assurément, il n'est pas nécessaire d'attendre que
le dommage ait été accompli pour tuer l'animal qui l'a
occasionné; mais si ce dommage n'est pas imminent,
la destruction d'un animal sauvage est un simple fait
de chasse.

Quelques exemples tirés des arrêts rendus diront
mieux notre pensée et feront mieux comprendre la loi
que tous les commentaires. Une buse traverse ma
propriété, je la tue : c'est un délit de chasse; elle plane
sur ma basse-cour, ce n'est que la destruction d'une
bête fauve.

Quelques oiseaux s'abaissent dans mon jardin, je

n'ai pas le droit de les tuer sans permis de chasse ou après la clôture ; une nuée de pinsons s'abbat sur mes récoltes, je puis les repousser même à l'aide d'un fusil.

Des chevreuils, des sangliers, des cerfs viennent chaque nuit ravager mes champs de blé ou de pommes de terre, j'ai le droit, soit seul, soit en me faisant aider par des étrangers, de protéger contre eux ma propriété et de les tuer ou de les faire tuer.

Un loup rôde autour de ma bergerie, un renard autour de mon poulailler, il est bien juste que je puisse me débarrasser de ce dangereux voisin.

Mais nous ne saurions trop insister sur l'importance de la question de fait et engager nos lecteurs à n'user de ce droit de légitime défense qu'avec la plus grande modération : il ne faut pas qu'il puisse servir de prétexte à une chasse illicite.

Si l'on n'établit pas clairement qu'on était sous la menace d'un dommage sérieux et que c'est pour l'éviter qu'on a pris son fusil, les juges seront fort enclins à voir un simple fait de chasse dans l'acte accompli.

Nous ne saurions mieux faire que de demander à un des magistrats les plus éclairés et les plus experts en la matière, les circonstances qui peuvent servir à éclairer le juge sur la véritable intention de l'inculpé.

« Est-il notoire, dit M. de Neyremand, que sa propriété a été considérablement endommagée et se trouve exposée à de nouveaux dégâts ?

Est-ce un propriétaire peu ou point adonné à la chasse ou un amateur passionné de ce plaisir et peu soucieux des exigences de la loi? Qu'en dit le casier judiciaire? Était-il en attitude de chasse et prêt à tirer lorsqu'il a été rencontré?

Était-il accompagné d'un chien?

Les bêtes fauves, à l'exception des lapins, sont d'ordinaire de grosses bêtes, pour lesquelles il faut des balles ou des plombs de fort calibre. Son fusil contenait-il des projectiles de ce genre?

Le premier venu ne peut par philanthropie, poursuivre les animaux sauvages qui causent un dommage à quelqu'un. Les seules personnes autorisées à repousser les attaques du fauve sont les propriétaires et fermiers; nous devons comprendre, dans cette définition trop restreinte, toutes les personnes qui subissent le dommage ou en sont menacées d'une façon imminente. Mais comme il arrive souvent que ces personnes ne connaissent pas le maniement des armes et seraient incapables d'atteindre un animal, elles peuvent déléguer à d'autres plus habiles l'exercice de leur droit.

Nous croyons qu'il vaut mieux s'attacher à l'esprit de la loi qu'à son texte, et qu'il ne faut pas reconnaître d'une façon générale aux propriétaires, fermiers et possesseurs, simultanément, le droit de tuer les bêtes fauves occasionnant des dommages. Ce droit appartiendra à celui qui sera lésé. Le propriétaire qui a loué sa chasse et affermé ses terres ne peut détruire les bêtes nuisibles que par délégation des droits de son fermier.

Tous les moyens sont bons pour détruire ou repousser les bêtes fauves ; l'article 9, paragraphe 3, que nous avons transcrit plus haut, parle de repousser les bêtes fauves, *même avec des armes à feu* ; il résulte implicitement de ces mots que les autres modes de destruction que le tir sont autorisés.

M. Villequez, avec une grande logique, trop de logique peut-être, ne croit pas qu'on puisse employer d'engins habituellement prohibés. En effet, dit-il, la simple détention de ces engins constitue un délit, peu importe l'usage auquel ils sont destinés !

La conséquence de ce raisonnement, c'est qu'une condamnation correctionnelle serait inévitable, sinon pour l'emploi, au moins pour détention d'engins prohibés.

Mais il faut prendre garde d'abuser du droit théorique, on se trouverait fatalement entraîné à l'absurde. Prendre des souris dans une souricière serait donc un délit, et nous aurions pu dire, dans notre chapitre des faits de chasse, que le papillon est un animal sauvage, et que c'est chasser que de le poursuivre ! On peut, avec des piéges, détruire les bêtes fauves ; les documents législatifs le prouvent surabondamment. On a répété plusieurs fois, et il a été parfaitement entendu au Corps législatif que les principes de a loi de 1790 étaient maintenus dans leur intégralité ;

7

or, l'article 15 permettait expressément l'emploi des
« filets ou autres engins. »

Assurément, beaucoup de braconniers, quand on
saisira chez eux des engins prohibés, allégueront
qu'ils les destinaient à la prise des bêtes fauves, et
se retrancheront derrière l'article 9.

Cet article leur assure-t-il l'impunité? non, car ici,
comme pour la distinction à établir entre le fait de
chasse et celui de simple destruction, les circonstances joueront un grand rôle, et les magistrats se
renseigneront sur la moralité et les habitudes du prévenu; ils examineront l'engin saisi.

La Cour de cassation a rendu, le 15 octobre 1844,
un arrêt fort bref que nous rapportons :

« La Cour, attendu qu'il a été déclaré par le jugement attaqué que le piége saisi ne paraissait pas,
d'après sa structure, destiné à la capture du gibier,
mais bien à celle des animaux tels que fouines et
belettes qui dévastent les dépendances des habitations
rurales ; que dans l'état des faits ainsi constatés et
en l'absence de tout arrêté du préfet du département
ayant pour objet de déterminer les conditions du droit
appartenant au propriétaire de détruire sur ses terres
les animaux malfaisants ou nuisibles, conformément à
l'article 9 de la loi du 3 mai 1844 , le jugement
attaqué n'a pas violé les dispositions de l'article 9, —
Rejette le pourvoi.

Mais nous ne pensons pas qu'on puisse attendre à
à l'affût, sur la propriété d'un voisin, le retour des

bêtes fauves, bien que certains tribunaux l'aient admis en principe.

Quand la bête tuée n'est pas un animal mangeable et ne rentre point dans la catégorie du gibier, celui qui l'a détruite a incontestablement le droit de la transporter ou de l'envoyer où bon lui semble ; mais, que déciderons-nous, si cette bête rentre dans la classe du gibier ?

Il serait déraisonnable d'exiger que cet animal légalement tué, fût perdu pour l'amour du droit. La Cour de Rouen, dans un arrêt du 22 juin 1865, décide qu'en pareil cas le chasseur, ou plutôt le propriétaire, ayant usé du droit reconnu par l'article 9, peut, sans commettre un délit, rapporter cette pièce de gibier à son domicile.

Ce que nous avons dit des bêtes fauves facilite l'explication du droit donné aux préfets de prendre des arrêtés pour la destruction des animaux malfaisants et nuisibles.

Certains animaux sont incapables par eux-mêmes d'occasionner un dommage réel à la propriété, mais leur multiplicité devient un véritable fléau : si l'on attendait, pour les détruire, qu'ils causassent un préjudice sérieux et actuel au propriétaire ou fermier, le remède serait peu efficace. C'est pourquoi les préfets sont autorisés à prendre des arrêtés déterminant : 1° les espèces d'animaux reconnus malfaisants et nuisibles ; 2° les moyens à employer pour leur destruction.

Quand les animaux sauvages auront été classés par le préfet, on n'aura pas besoin de permis de chasse pour les détruire ; leur destruction ne sera que l'accomplissement d'un droit naturel ; mais alors on devra se conformer aux modes indiqués par l'arrêté préfectoral. On n'a plus, comme pour repousser les bêtes fauves occasionnant un dommage, le droit d'employer tous les moyens possibles, même l'usage du fusil ; il faut obéir aux prescriptions administratives, mais il n'est pas nécessaire d'attendre que ces animaux commettent ou menacent de commettre un dommage.

La plupart du temps les préfets décident que ces animaux pourront être détruits à l'aide de piéges ou de filets, mais n'autorisent pas l'emploi des armes à feu, pour enlever tout prétexte au braconnage.

Les tribunaux n'ont pas le pouvoir de combler les lacunes d'un arrêté préfectoral, et de décider que l'omission de certains animaux est un oubli ; l'arrêté est incontestablement limitatif.

Les animaux classés généralement comme nuisibles sont : le renard, le loup, le sanglier, le lapin, la fouine, le putois, la belette, la buse, le faucon, l'épervier, etc.

Les moyens de destruction sont les piéges, les filets, le poison, quelquefois le fusil ; mais il faut prendre des renseignements exacts, et se procurer le texte de l'arrêté en vigueur dans le département.

Dans certains pays, on peut se servir du fusil, à la

condition de prévenir les autorités administratives vingt-quatre heures à l'avance : c'est une mesure très-sage que les préfets ont le droit de prendre : leur pouvoir est absolu.

Que les animaux classés comme nuisibles ou malfaisants soient ou non du gibier, les propriétaires, fermiers ou possesseurs ont le droit de les détruire sur leurs terres ; et nous répéterons ici ce que nous avons dit plus haut au sujet des bêtes fauves, c'est celui auquel le préjudice est causé qui a le droit de destruction, droit d'ailleurs susceptible de délégation.

Si un propriétaire-cultivateur a loué sa chasse, c'est lui qui a le droit de détruire les lapins quand ils ont été classés comme nuisibles, et le locataire de la chasse, s'il n'y est autorisé par son propriétaire, ne saurait se prévaloir de son bail pour user de ce droit, car ce n'est pas à lui que le dommage est causé. Mais si le propriétaire refuse de lui déléguer son droit de destruction, le locataire de la chasse répondra par une fin de non-recevoir aux demandes de dommages-intérêts qu'il exercera contre lui.

Le préfet peut encore, en vertu des pouvoirs qui lui sont conférés par l'arrêté du 19 pluviôse an V, ordonner, par des arrêtés spéciaux, des chasses ou battues dans les communes particulièrement exposées aux ravages. Ces battues sont exécutées sous la surveillance et la direction des agents forestiers, qui règlent, de concert avec les maires, les jours où elles doivent se faire et le nombre d'hommes qui y sont appelés.

Les habitants régulièrement appelés qui refusent de s'y rendre sont punis d'une amende de dix francs.

L'animal tué dans ces battues appartient à celui qui l'a tué : cela soulèvera souvent une question de fait fort difficile à résoudre, mais nous ne parlons que de la question de droit.

Quand des animaux malfaisants ou nuisibles, faisant partie du gibier, ont été tués, celui qui les a tués a le droit de les rapporter à son domicile ; et comme il serait impossible d'en exiger la consommation à domicile, des mesures administratives ont pallié la rigueur de l'article 4 relatif au transport et colportage du gibier en temps prohibé. Les préfets autorisent le transport de ces animaux, soit dans une partie du département, soit dans le département entier.

Nous regrettons que la loi n'ait pas, par un article spécial, facilité le colportage de ces animaux légalement tués ; mais nous ne pouvons nous empêcher de trouver ces mesures prises par les préfets, quelque utiles qu'elles soient, absolument illégales.

Les pigeons sont quelquefois classés par les préfets parmi les animaux malfaisants et nuisibles ; dans ce cas on peut les détruire, comme les animaux sauvages dont nous avons parlé. Mais si l'arrêt préfectoral passe les pigeons sous silence, doit-on les considérer comme gibier ? Peut-on les détruire s'ils causent des ravages ?

Nous allons nous efforcer d'exposer d'une façon succincte l'état de la législation. Pour résoudre toutes les questions qui peuvent se présenter, nous avons trois textes de lois :

1° L'article 2 du décret du 4 août 1789 qui, après avoir aboli le droit exclusif de colombiers, dispose : « Les pigeons seront renfermés aux époques fixées « par les communautés, durant lequel temps ils seront « regardés comme gibier, et chacun aura le droit de « les tuer sur son terrain. »

2° La loi du 6 octobre 1791 portant, titre II, article 12, que « si des volailles de quelque espèce que « ce soit, causent du dommage, le propriétaire, le « détenteur ou le fermier qui l'éprouvera, pourra les « tuer, mais seulement sur le lieu, au moment du « dégât. »

3° L'article 479, § 1er, du Code pénal, qui punit d'une amende de 11 à 15 francs ceux qui auront porté du dommage aux propriétés mobilières d'autrui.

Nous trouvons donc d'abord une division naturelle, et une différence très-nettement tranchée.

Si la clôture des colombiers n'a pas été ordonnée, les pigeons sont des animaux domestiques, et doivent être assimilés aux simples volailles.

Si la clôture des colombiers a été ordonnée, les pigeons deviennent gibier comme les perdrix.

Supposons d'abord qu'aucun arrêté de la municipalité n'enjoigne de fermer les colombiers; les pigeons de mon voisin me causent un préjudice sérieux, ils ravagent mes récoltes; s'ils étaient considérés comme des animaux sauvages, je pourrais les détruire même à l'aide d'un fusil et les transporter à mon domicile, mais je ne puis, dans notre hypothèse, que les tuer, en vertu de la loi de 1791 dont nous avons reproduit le texte, et les envoyer au voisin, ou les abandonner dans le champ; les emporter chez moi à titre d'indemnité du dommage qu'ils m'ont occasionné pourrait être considéré comme un vol. La Cour de cassation l'a jugé ainsi dans un arrêt du 9 janvier 1868, contrairement à la jurisprudence de certains tribunaux.

Si les pigeons ne me causent aucun dommage, en les tuant je me rends passible des peines prononcées par l'article 479, § 1er, du Code pénal, et je ne puis sans commettre un vol me les approprier.

Plaçons-nous maintenant dans l'hypothèse où le maire a ordonné la clôture des colombiers. Les pigeons sont alors assimilés au gibier; s'ils me causent un dommage, je puis sans permis de chasse les tuer et les emporter, comme je pourrais tuer et emporter le renard qui menace mon poulailler, le sanglier qui laboure mon champ de pommes de terre.

Ne causent-ils aucun dommage actuel, j'ai sur eux le même droit que sur les perdrix; pour que je puisse les chasser, il me faut un permis de chasse et l'autorisation du propriétaire du terrain sur lequel je veux les tirer; je ne puis, pour m'en emparer, faire usage d'engins prohibés.

Tel est à l'égard des pigeons l'état de la jurisprudence et de la doctrine ; jurisprudence confirmée par un arrêt de cassation du 9 janvier 1868.

Une condamnation pour vol peut paraître bien sévère dans les cas que nous venons d'énumérer, mais nous ferons remarquer que pour motiver une pareille condamnation le simple fait ne suffira pas comme en matière de chasse : il faudra que les circonstances et la moralité du délinquant établissent l'intention frauduleuse ; si cette intention n'existe pas, il pourra y avoir délit de chasse, délit rural, réparations civiles suivant l'article 1382 du Code civil, mais il n'y aura pas vol.

XIII

DE L'OBLIGATION DE CHASSER

ET

DES DOMMAGES CAUSÉS AUX CHAMPS PAR LE GIBIER

Bien que notre but soit d'étudier la loi de 1844 sur la police de la chasse, et de n'examiner que ce qui est relatif aux procès de chasse, les dommages causés aux champs par le gibier se rattachent de si près à notre sujet, que nous croyons indispensable d'esquisser à grands traits la théorie des responsabilités, renvoyant ceux qui voudront approfondir cette matière à l'excellent ouvrage de M. Sorel.

Les principes généraux sont établis par les articles 1382, 1383 et 1384 du Code civil ; on est toujours responsable des dommages qu'on a causés par son fait, son imprudence ou sa négligence. Comment déterminer le fait, l'imprudence et la négligence ?

Une nuée de canards sauvages vient s'abattre sur mes étangs, et pendant la nuit s'écarte sur les avoines du voisin qu'elle détruit; je ne serai pas déclaré responsable, car il n'y a rien là qu'on puisse imputer à ma faute ni même à ma négligence.

Nous résumerons donc la responsabilité à deux cas généraux : on sera responsable quand on aura fait peupler de gibier ses bois, et quand on y aura laissé multiplier d'une façon préjudiciable au voisin les animaux sauvages dont on se réserve la chasse.

Dans la première de ces hypothèses, nous avons un fait actif qui engage plus spécialement le propriétaire. Supposons donc qu'il s'agisse de dégâts causés par les lapins ; leur destruction est à la charge du propriétaire des bois s'il les a placés, attirés ou conservés chez lui. Si, au contraire, ces animaux sauvages qui ne lui appartiennent pas plus qu'ils ne sont sous sa garde, se sont établis naturellement par suite de l'instinct qui les porte à se réunir dans des lieux couverts, sans qu'il apparaisse qu'il ait rien fait pour qu'ils se multiplient ou pour les conserver, la destruction est à la charge de celui qui éprouve le dommage, mais à condition que le propriétaire du bois lui accordera le droit de pénétrer dans sa propriété, et d'user de tous les moyens de destruction, tels que le furetage et le défoncement des terriers.

Cette distinction est très-nettement établie dans un jugement du tribunal de Rouen (10 mars 1868), et elle est généralement adoptée, malgré l'opinion de M. Sorel, qui estime que, dans tous les cas, lorsqu'un propriétaire autorise les parties lésées à venir détruire chez lui les animaux nuisibles, on n'a plus rien à lui reprocher.

Mais qu'appelle-t-on un dommage?

Suffira-t-il, pour qu'il y ait dommage, que quelques lapins aient brouté la bordure d'un champ; qu'un chevreuil ait traversé une luzerne? Non, les dégâts devront être facilement appréciables, et incontestablement causés par le gibier trop abondant. Si tout se bornait à quelques pertes insignifiantes, il n'y aurait place à aucune condamnation, car le voisinage des bois est toujours une menace pour le propriétaire de la plaine, et sans qu'il y ait de faute ou de négligence imputable au propriétaire du bois, il est inévitable que ces animaux sauvages s'y cantonneront et feront sur les champs d'alentour des incursions plus ou moins fréquentes.

C'est à celui qui porte plainte, d'établir qu'un préjudice lui a été causé, et qu'on doit l'attribuer au fait ou à la négligence du voisin; mais il n'est pas tenu d'avoir mis le voisin en demeure de détruire les animaux nuisibles; les articles 1382 et 1383 du Code civil n'imposent nullement cette condition à la responsabilité de l'auteur de la faute ou du fait dommageable; souvent même le préjudice résultant d'une faute peut être imprévu, ce qui rend la mise en demeure impossible. (Ainsi jugé par la Cour de cassation le 10 juin 1863.)

C'est devant le juge de paix que doit être portée la demande en dommages-intérêts. En effet, l'article 5 de la loi de 1838 porte : « Les juges de paix connaissent, sans appel, jusqu'à la valeur de 100 francs, et à charge d'appel, à quelque valeur que la demande puisse s'élever : des actions pour dommages faits aux champs, fruits et récoltes, soit par l'homme, soit par les animaux, etc.... »

Le juge de paix légalement saisi pourra employer, pour déterminer sa conviction, tous les moyens possibles ; il pourra, *de plano*, et sans recourir à la formalité longue et dispendieuse de l'expertise, fixer, après une simple descente sur les lieux, la somme qu'il croit devoir allouer à titre de dommages-intérêts, ou repousser purement et simplement la demande.

Les locataires de chasse seront responsables comme le propriétaire qui n'aurait pas loué sa chasse. C'est celui qui cause le dommage qui doit le réparer. Mais le locataire d'une chasse ne devra à son propriétaire, à moins de clause expresse contenue dans le bail, aucune indemnité pour les dégâts causés par le gibier. Il y a entre eux un lien de droit : c'est le bail auquel l'un et l'autre sont tenus de se conformer.

N'oublions pas que la loi permet aux propriétaires fermiers et possesseurs de détruire sur leurs terres les bêtes fauves, quand elles causent un dommage actuel ; et les animaux malfaisants et nuisibles, quand ils ont été classés par un arrêté préfectoral.

Le propriétaire et le fermier pourront donc, quand même le droit de chasse aurait été transporté à un tiers, trouver protection contre les animaux sauvages, sans préjudice, pour le simple fermier, d'actionner en dommages-intérêts le propriétaire et le locataire de la chasse.

Nous avons dit au commencement de ce chapitre que le propriétaire d'un étang ne peut être déclaré responsable des dommages causés aux champs d'alentour par les nuées de canards sauvages qui viennent s'y abattre ; mais il faut prendre garde de généraliser cette hypothèse. C'est aller trop loin que de déclarer comme certains auteurs et quelques tribunaux, que les cerfs, chevreuils, loups, renards, blaireaux, sangliers sont des animaux nomades de leur nature et que leur multiplicité, quelle qu'elle soit dans une forêt, ne peut jamais donner lieu à des réparations civiles en faveur des riverains.

Les cerfs et les biches abandonnent quelquefois une contrée où ils s'étaient cantonnés, mais ce n'est qu'exceptionnellement ; et si le juge pense que le propriétaire attaqué ne se trouve pas dans une de ces rares exceptions, il le condamnera à payer au voisin lésé des dommages-intérêts. Cela ressort clairement d'un arrêt de la Cour de cassation, rendu le 15 janvier 1872.

Nous ne parlerons pas des lapins ; la question n'a jamais été controversée ; buissonniers ou lapins de terrier, s'ils ont été trop respectés par le propriétaire, peuvent causer un préjudice dont ce dernier doit réparation.

Dans un pays où, pendant deux mois de chasse, je

tuais difficilement une douzaine de lièvres, il m'est arrivé dans une seule matinée d'octobre d'en abattre six : dois-je en conclure, comme l'ont fait les juges de paix de Montereau et de Nogent-sur-Seine, et le tribunal de Fontainebleau, le 3 février 1859, que le lièvre est un animal naturellement nomade et qu'on ne peut être responsable des dégâts qu'il commet? Non, car ces passages ne se produisent que rarement, et tous les chasseurs savent bien que celui dont la propriété est bien gardée et qui veille à la conservation de ses lièvres est toujours assuré de les retrouver; qu'il en émigre un petit nombre pour constituer ces passages insolites dont nous avons parlé, c'est chose possible, mais cela ne suffit pas à établir le principe de non-responsabilité. Le juge aura une question de fait à examiner, et il devra se prononcer contre le propriétaire des bois s'il n'a la conviction qu'il se trouve dans la très-rare exception que nous avons mentionnée. Cette opinion, qui s'appuie sur un arrêt de cassation du 24 juin 1860, est aujourd'hui généralement adoptée.

L'affluence des loups et des renards ne motivera pas souvent une condamnation, car leur présence dans une forêt est un tel danger pour le gibier, que les propriétaires s'empressent de leur faire une guerre à outrance ; mais si, au lieu de les exterminer, le propriétaire du bois les y laissait multiplier à l'excès et refusait la permission d'y chasser pour les détruire, il serait passible de dommages-intérêts.

Les sangliers voyagent ; on en voit quelquefois arriver par bandes considérables dans des pays où pendant longtemps on n'en avait pas trouvé ; c'est ainsi que de longues années se sont écoulées sans qu'on signalât la présence d'un seul do ces animaux dans la forêt de Fontainebleau ; aujourd'hui cependant, sans qu'on en ait importé, leur nombre gêne souvent le maître d'équipage qui les chasse. Néanmoins, nous nous rangeons à l'avis de la Cour de cassation (31 mai 1869), et nous croyons que le propriétaire qui, par sa volonté ou sa négligence en a favorisé la reproduction, a pu causer un préjudice dont il doit réparation.

XIV

A QUI APPARTIENT LE DROIT DE POURSUIVRE

Quelle est la juridiction compétente en matière de délits
de chasse?

Tous les délits de chasse seront jugés à la requête
du ministère public ; c'est le procureur de la République du lieu où le délit a été commis qui traduit en
justice le délinquant.

Il faut cependant distinguer le fait de chasse sur le
terrain d'autrui sans autorisation du propriétaire, des
autres délits. L'article 11, § 2, de la loi de 1844, ne
permet dans ce cas au ministère public d'exercer des
poursuites que si le propriétaire lésé a déposé une
plainte.

Cette mesure est d'une utilité incontestable, car si
le ministère public poursuivait d'office, l'inculpé pourrait, par des prières ou des promesses, obtenir du propriétaire l'affirmation d'une autorisation préalable.

La loi n'a pas statué d'une façon générale, et donne
au procureur de la République le droit de poursuivre
spontanément, sans attendre qu'une plainte ait été dé-

posée, les délits de chasse commis sur un terrain clos, attenant à une habitation, ou sur des champs garnis de leurs récoltes.

On comprend qu'il y a là une aggravation du délit qui appelle une vigilance toute particulière.

Aucune formalité n'est exigée pour la plainte ; elle peut être rédigée sur papier libre, mais il faut qu'elle soit signée par le propriétaire ou le locataire de la chasse ; en un mot, par celui dont l'autorisation était nécessaire pour empêcher au fait incriminé d'être délictueux.

Quand la plainte a été déposée, le désistement ne saurait empêcher l'action du ministère public ; en fait, il arrive souvent qu'un arrangement intervient entre l'accusé et le plaignant, ce dernier retire sa plainte, et le parquet ne poursuit pas ; mais en droit, il pourrait poursuivre.

Mais qui peut provoquer l'action publique, intervenir aux débats et s'y porter partie civile ?

Le propriétaire qui n'a pas loué sa chasse, c'est incontestable. Mais que dirons-nous du fermier à qui la jurisprudence, s'il n'y a dans son bail convention expresse, refuse le droit de chasse sur les terres qu'il exploite.

On a prétendu qu'il pouvait provoquer des poursuites et se porter partie civile parce qu'il était lésé ; qu'il n'avait assurément aucun droit sur le gibier illégalement chassé, mais qu'un préjudice lui était causé par le passage des chasseurs qui nuisait plus ou moins à la conservation de ses récoltes.

Ce système nous semble insoutenable, car le chasseur ne porte pas atteinte aux droits du fermier; nous n'admettons même pas la transaction adoptée sur ce point par la Cour de cassation (1866), qui permet au fermier de poursuivre les délits de chasse quand ils ont été commis sur ses terres couvertes de récoltes.

· Cette circonstance donnera lieu à des dommages-intérêts, aux termes de l'article 1382 du Code civil; mais la circonstance que les dégâts ont été causés par un individu qui chassait ne regarde pas le fermier. Il pourra demander réparation d'un délit rural, et une indemnité si le préjudice est appréciable, mais le fait de chasse lui reste étranger; ses droits à exercer contre le chasseur sont ceux qu'il exercerait contre toute personne qui aurait, sans chasser, violé sa propriété.

Quant au locataire du droit de chasse, il prend la place du propriétaire; c'est à son préjudice que les délits de chasse sont commis; c'est lui seul qui peut porter plainte. Quelques auteurs, s'appuyant sur ce principe de droit que les baux non enregistrés ne sont pas opposables aux tiers, ne lui permettent de se porter partie civile que s'il a pris soin, avant la perpétration du délit, de faire enregistrer son bail. La Cour de cassation a jugé que c'était mal interpréter le droit, et faire une fausse application d'un principe destiné à régler les rapports de plusieurs acquéreurs successifs entre eux, ce qui n'est point notre cas.

Les juges apprécieront en fait, et s'il leur paraît évident que celui qui se prétend locataire de la chasse, l'est en effet, ils recevront sa plainte sans qu'il ait besoin de justifier d'un bail dûment enregistré.

L'administration forestière a qualité pour poursuivre directement la répression des délits de chasse commis dans les forêts soumises au régime forestier, sous condition toutefois d'une plainte préalable du fermier de la chasse, dit M. de Neyremand que nous avons déjà plusieurs fois cité. Mais nous ne croyons pas que l'administration forestière doive attendre le dépôt de la plainte.

Une loi du 18 juin 1859 autorise l'administration forestière à transiger avant le jugement; si nous supposons une transaction, le ministère public pourra-t-il poursuivre? Non, car nous assimilons l'administration forestière à un propriétaire ordinaire, et les poursuites sont subordonnées au dépôt d'une plainte.

Certainement, si l'administration avait transigé à propos d'un délit de chasse commis après la clôture, ou à l'aide d'engins prohibés, l'action civile serait éteinte, et l'action publique ne le serait pas; mais ce n'est pas là l'hypothèse dans laquelle nous nous plaçons. Nous supposons que le délit résulte du fait de chasse dans une forêt où l'inculpé n'avait pas le droit de chasser.

La compétence en matière de délits de chasse est attribuée aux tribunaux correctionnels. La procédure est celle des délits ordinaires; nous nous efforcerons de l'esquisser rapidement, notre sujet ne nous permettant que d'en donner les notions les plus générales.

En cas de délit, trois tribunaux peuvent être appelés à statuer (art. 23 du Code d'instruction criminelle) : celui du lieu où il a été commis, celui de la résidence de la personne qui en est l'auteur, enfin celui du lieu où l'arrestation a été opérée. De ces trois tribunaux, c'est celui qui a été le premier saisi de la plainte qui jugera; ce sera le plus souvent le tribunal dans le ressort duquel l'acte délictueux aura été accompli. L'inculpé doit avoir été touché par la citation trois jours francs avant l'audience.

On ne peut se porter partie civile qu'à la condition de demander des dommages-intérêts, quelques minimes qu'ils soient; et la partie civile est responsable vis-à-vis du Trésor des frais du procès. Une condamnation est prononcée, le condamné est-il insolvable, les frais ne restent pas à la charge de l'État, c'est la partie civile qui les payera. Cette mesure rigoureuse a pour résultat de laisser impunis bien des délits de chasse; les braconniers sont généralement peu solvables, et la crainte des frais paralyse souvent les poursuites.

La comparution personnelle de l'inculpé à l'audience est nécessaire chaque fois que la peine de l'emprisonnement peut être prononcée : dans ce cas, la représentation n'est pas admise.

Si la personne touchée par la citation ne se présente pas, elle est condamnée par défaut; ce jugement lui est signifié, et si elle a laissé passer cinq jours après la signification sans former opposition, ce jugement est irrévocable, susceptible seulement d'être réformé par voie d'appel.

L'opposition à un jugement par défaut remet toutes choses dans l'état où elles étaient auparavant.

On a dix jours pour interjeter appel d'un jugement contradictoire ; il n'est pas question ici de signification de jugement ; le délai court du jour où le jugement a été prononcé.

L'appel se forme par une simple déclaration au greffe, déclaration qui sera faite soit par le délinquant, soit par son mandataire.

Le procès après appel ne peut plus être déféré qu'à la Cour de cassation, dans les trois jours qui suivent l'arrêt. La Cour de cassation n'a pas à examiner le fait, elle ne juge que la question de droit ; contrairement à ce qui se passe en matière civile, en matière correctionnelle le pourvoi en cassation suspend l'exécution de l'arrêt prononcé par la Cour d'appel.

A moins de circonstances tout exceptionnelles, il reste peu de chances d'un acquittement, quand l'espoir se borne à l'obtention d'un arrêt de cassation.

Par exception, la juridiction correctionnelle fait place à celle de la première chambre civile de la Cour pour les hauts fonctionnaires : généraux, évêques, préfets, et pour les magistrats depuis le conseiller à la Cour des comptes jusqu'au suppléant du juge de paix. Il en est de même pour les officiers de police judiciaire, mais seulement dans le cas où ils ont commis le délit qui leur est reproché, dans l'exercice de leurs fonctions.

Les officiers de police judiciaire sont les commissaires de police, les gardes champêtres, messiers, forestiers, gardes particuliers, et enfin les maires et les adjoints.

Ils sont réputés dans l'exercice de leurs fonctions quand ils se trouvent sur le territoire où ils ont le droit de verbaliser; c'est ainsi que le garde particulier devrait être soumis à la juridiction de la première chambre civile de la Cour, s'il commettait un délit de chasse sur les terres confiées à sa garde, et à la police correctionnelle si le délit avait été commis en tout autre endroit.

Un arrêt de la Cour de Paris du 27 avril 1872, décide cependant qu'il ne faut pas toujours réputer les maires dans l'exercice de leurs fonctions quand ils se trouvent sur le territoire de leur commune.

XV

DES PROCÈS-VERBAUX
ET
DE LA PREUVE DES DÉLITS DE CHASSE

Les délits prévus par la loi du 3 mai 1844 sont prouvés, dit l'article 21, soit par procès-verbaux ou rapports, soit par témoins à défaut de rapports et procès-verbaux, ou à leur appui.

Cet article n'est pas limitatif; tous les moyens de preuve sont admis et la conviction du juge peut être entraînée autrement que par les procès-verbaux, rapports ou dépositions de témoins. C'est ainsi que la Cour de cassation a jugé que l'aveu seul du prévenu, en dehors de toute autre preuve, pouvait motiver une condamnation.

Il y a cependant une différence notable entre les procès-verbaux et les autres preuves.

Aux termes des articles 22 et 23, les procès-verbaux régulièrement dressés par les agents compétents font foi en justice jusqu'à preuve contraire. C'est-à-dire que tout ce qu'ils énoncent comme ayant été dit ou entendu par celui qui a verbalisé, est, dès à présent, réputé vrai. Les dénégations du prévenu, ses antécédents, le peu de probabilité du fait rapporté, les bons certificats sont impuissants à renverser cette preuve. Il faudra, pour la combattre, des témoignages déposés sous la foi du serment.

Les simples témoignages, au contraire, ne lient point le juge, quelque précis, quelque affirmatifs qu'ils soient. Tous les moyens sont bons pour les combattre; et, après les avoir recueillis, le tribunal rendra, s'il le juge convenable, un jugement contraire aux dépositions.

Un seul témoin suffit pour établir la preuve d'un délit; il n'est pas nécessaire d'en entendre plusieurs; ce point est aujourd'hui indiscutable en droit.

Aucune personne ne doit être refusée comme témoin, si ce n'est les ascendants ou descendants, les frères et sœurs, la femme et le mari. Mais rien n'empêche qu'on entende le rédacteur du procès-verbal. Ceci est important, car si le procès-verbal est entaché de nullité, la preuve du délit sera administrée par le simple témoignage du garde ou du gendarme qui avait inutilement verbalisé.

En appel, comme en première instance, rien ne s'oppose à l'audition des témoins; mais les témoignages sont consignés par écrit, et rarement on fait revenir les témoins devant la Cour.

Puisque les procès-verbaux et les rapports ont une si grande force probante, cherchons les agents chargés de les dresser, et les conditions nécessaires à leur validité.

Il appartient aux maires et adjoints, commissaires de police, officiers, maréchaux des logis ou brigadiers de gendarmerie, gendarmes, gardes forestiers, gardes-pêche, gardes champêtres ou gardes assermentés des particuliers, de dresser des procès-verbaux , ainsi qu'aux employés des contributions indirectes et des octrois ; mais ces derniers n'auront d'autre pouvoir que de constater les délits prévus par le paragraphe 1er de l'article 4.

Les gendarmes doivent-ils, lorsqu'ils dressent procès-verbal, être revêtus de leur uniforme, les gardes munis de leur plaque, et les maires ceints de leurs écharpes ? Un arrêt de la Cour de cassation déclare cette formalité utile pour s'introduire au domicile des citoyens et y faire acte d'autorité, mais non essentielle à la validité du procès-verbal. Cependant la loi de 1791 relative aux insignes a quelque utilité. Si un homme se présente à moi se prétendant garde champêtre et me demandant d'exhiber mon permis de chasse, je puis exiger de lui, avant de le produire, la justification de sa qualité ; car on ne saurait être exposé à des vexations continuelles, ce qui se produirait si l'on était forcé de répondre aux réquisitions du premier venu.

Remarquons que tous les délits prévus et punis par la loi du 3 mai 1844 peuvent être consignés dans les procès-verbaux des gardes et gendarmes ; la loi n'apporte de restriction qu'au droit des employés des contributions indirectes et de l'octroi, qui n'ont à se préoccuper que de la recherche et de la saisie du gibier transporté ou mis en vente en temps prohibé.

Les procès-verbaux sont valables quand ils ont été dressés par les maires ou adjoints, et gardes champêtres sur le territoire de leur commune; par

le garde particulier dans les champs ou les bois pour
la garde desquels il a été assermenté, par les
gendarmes dans leur canton. Néanmoins la Cour
de cassation (8 mars 1851) a jugé que des gendarmes
revenant de conduire des prisonniers pouvaient
dresser procès-verbal sur un autre canton que le
leur, parce qu'ils étaient dans l'exercice de leurs
fonctions ; et quelques auteurs soutiennent que les
gendarmes ont compétence dans toute la France, sans
restriction ni condition.

Les procès-verbaux doivent contenir la désignation
de l'individu poursuivi, par son nom, prénom ou
surnom ; ce qu'il faut c'est que la désignation soit
précise et ne permette pas d'erreur sur la personne.

La date est essentielle, parce qu'elle peut servir à
établir la preuve contraire ; si elle n'existe pas, son
absence entraîne la nullité de l'acte. Si cependant
le jour était indiqué d'une façon péremptoire, et que la
date fût mal rapportée, le procès-verbal pourrait
n'être pas considéré comme nul ; si, par exemple, il
y était dit que les faits s'étaient passés le jour de la
Pentecôte 16 mai, et que la Pentecôte fût le 14 ou le 15.

Le procès-verbal doit être signé par l'agent qui l'a
dressé, mais il est inutile qu'il soit écrit tout entier
de sa main. S'il est dressé par un garde, il doit être
rédigé sur papier timbré et soumis à l'enregistrement
(droit de 2 francs, décime en plus) dans les quatre
jours qui suivent la date. Ces formalités sont prescrites
non à peine de nullité du procès-verbal, mais sous
la menace d'une amende.

La loi assimile les rapports aux procès-verbaux.
Les rapports ne seraient pas mentionnés, si l'instruction était plus répandue, et si tous les gardes étaient capables de rédiger un procès-verbal ; mais il y en a beaucoup qui trouvent cette besogne au-dessus de leurs forces. Les rapports sont reçus, rédigés et signés soit par les juges de paix, leurs suppléants ou leurs greffiers, soit par les commissaires de police, les maires ou leurs adjoints.

Il nous reste à parler d'une formalité essentielle à la valité du procès-verbal, celle de l'affirmation. Article 4 : « Dans les vingt-quatre heures du délit, « les procès-verbaux des gardes seront, à peine de « nullité, affirmés par les rédacteurs devant le juge « de paix ou l'un de ses suppléants, ou devant le « maire ou l'adjoint, soit de la commune de leur « résidence, soit de celle où le délit aura été « commis. »

Le procès-verbal doit être affirmé quand il émane d'un garde ; la loi ne fait pas de distinction entre les gardes champêtres, forestiers ou particuliers ; les procès-verbaux dressés par les maires ou les gendarmes n'ont pas besoin d'être affirmés.

L'affirmation est utile parce qu'elle force le garde à préciser, et qu'elle lui fait comprendre la gravité de ce qu'il avance. Les juges de paix ou leurs suppléants, les maires ou leurs adjoints, sont les seules autorités compétentes pour recevoir les affirmations ; si au lieu d'un procès-verbal il s'agit d'un rapport, rien n'empêche le maire ou le juge de paix qui l'a rédigé d'en recevoir l'affirmation. Le procès-verbal doit indiquer l'heure exacte à laquelle le délit a été commis, et l'heure de l'affirmation ; ce sera le moyen de contrôler si le délai légal a été observé.

XVI.

DES PEINES PRONONCÉES PAR LA LOI DU 3 MAI 1844

Tous les délits que nous avons spécifiés dans les chapitres précédents ne sont pas punis de la même manière ; les peines sont proportionnées à la gravité de la faute.

Nous n'avons plus à nous occuper de la qualification des faits, mais des peines appliquées à des faits qualifiés, ce qui réduit cette dernière partie de notre ouvrage au rôle d'une simple nomenclature.

« Article 11. — « Le tribunal de police correctionnelle punira d'une amende qui ne pourra être « inférieure à 16 francs, ni supérieure à 100 francs : « 1° ceux qui auront chassé sans permis de chasse ; « 2° ceux qui auront chassé sur le terrain d'autrui « sans le consentement du propriétaire ; 3° ceux qui « auront contrevenu aux arrêtés des préfets concernant « les oiseaux de passage, le gibier d'eau, la chasse

8.

« en temps de neige, l'emploi de chiens levriers, ou
« aux arrêtés concernant la destruction des oiseaux et
« celle des animaux nuisibles ou malfaisants ; 4° ceux
« qui auront pris ou détruit sur le terrain d'autrui
« des œufs ou couvées de faisans, perdrix ou cailles ;
« 5° les fermiers de la chasse, soit dans les bois
« soumis au régime forestier, soit sur les propriétés
« dont la chasse est louée au profit des communes
« ou établissements publics, qui auront contrevenu
« aux clauses et conditions de leurs cahiers de
« charges relatives à la chasse.

« L'amende pourra être portée au double si le dé-
« lit de chasse sur le terrain d'autrui a été commis
« sur des terres non dépouillées de leurs fruits ou
« dans un clos non attenant à une habitation. »

Cet article résume les délits qui se reproduisent le
plus souvent et ne prononce en réalité qu'une peine
légère, puisque le juge peut abaisser l'amende à
16 francs, mais non l'élever au-dessus de 100 francs,
si ce n'est dans la dernière hypothèse.

Le locataire de la chasse qui endommage les récoltes
du fermier ordinaire ne commet pas le délit prévu
par notre article ; c'est de sa part une contravention ;
il est justiciable du tribunal de simple police et responsable civilement vis-à-vis du fermier, des dégâts
qu'il a causés.

Mais quand les terres sont-elles recouvertes de
leurs récoltes ? La Cour de cassation décide qu'on
doit entendre par récoltes les fruits de la terre que le

chasseur est susceptible de détruire par son passage, comme les trèfles et les luzernes à graines, mais non les pois lupins destinés à servir d'engrais, les pommes de terre qui ne souffrent pas du passage des chasseurs, les regains de sainfoin ou des prairies artificielles nouvellement fauchées. Les juges auront donc à examiner une question de fait.

Dans l'intérêt de la conservation du gibier, la loi punit l'enlèvement des œufs et couvées de faisans, perdrix et cailles; mais elle ne le prohibe que sur le terrain d'autrui, et le propriétaire a le droit sur ses terres d'enlever ou de faire enlever les œufs et couvées de toute sorte. Néanmoins, les préfets sont autorisés à prendre les mesures qu'ils croient utiles pour empêcher la destruction des oiseaux, et souvent un arrêté préfectoral défend d'enlever certains nids. La mesure est alors générale et s'applique au propriétaire lui-même.

Nous avons dit qu'une amende de 16 à 100 francs nous paraissait une peine bien légère pour la répression des délits habituels; c'est pourquoi le législateur a autorisé le juge, en cas de récidive (article 14), à prononcer un emprisonnement de six jours à trois mois.

Aux termes de l'article 12 « seront punis d'une « amende de 50 à 200 francs, et pourront, en outre, « l'être d'un emprisonnement de six jours à deux « mois : 1° ceux qui auront chassé en temps prohibé; « 2° ceux qui auront chassé pendant la nuit ou à « l'aide d'engins et instruments prohibés, ou par

« d'autres moyens qu'à tir ou à courre ; 3° ceux qui
« sont détenteurs ou trouvés porteurs, hors de leur
« domicile, de filets, engins ou autres instruments de
« chasse prohibés ; 4° ceux qui, en temps prohibé,
« auront mis en vente, vendu, acheté, transporté ou
« colporté du gibier ; 5° ceux qui auront employé des
« drogues ou appâts qui sont de nature à enivrer le
« gibier ou à le détruire ; 6° ceux qui auront chassé
« à l'aide d'appeaux appelants ou chanterelles.

« Les peines déterminées par l'article 12 pourront
« être portées au double ; si les quatre circontances
« suivantes se trouvent réunies : si le délit a été commis
« pendant la nuit, sur le terrain d'autrui, à l'aide d'en-
« gins prohibés, par une personne armée. »

Voici une règle commune aux articles 11 et 12 :
« Le maximum de la peine devra être prononcé quand
« les délinquants seront des gardes champêtres ou fo-
« restiers des communes, ou des gardes forestiers de
« l'État ou des établissements publics. »

Remarquons toutefois que la loi ne distingue pas si
le fait s'est passé ou non sur le territoire confié à leur
surveillance, et qu'elle ne parle pas des gardes particuliers.

Notons aussi que l'amende seule est la véritable
peine et que l'emprisonnement est purement facultatif ;
les juges auront donc le droit d'infliger le maximum
de l'amende sans condamner à l'emprisonnement.

Le délit de chasse devient très-grave s'il est commis
sur le terrain d'autrui clos et attenant à une habitation ;
il est puni par l'article 13 d'une amende de 50 à 300 fr.

à laquelle les juges peuvent joindre un emprisonnement de six jours à trois mois. Cet article ajoute :
« Si le délit a été commis pendant la nuit, le délin-
« quant sera puni d'une amende de 100 francs à
« 1000 francs, et pourra l'être d'un emprisonnement
« de trois mois à deux ans, sans préjudice, dans l'un
« et l'autre cas, s'il y a lieu, de plus fortes peines
« prononcées par le Code pénal. »

« Dans tous les cas (art. 14) les peines pourront
« être portées au double si le délinquant était en état
« de récidive, et s'il était déguisé ou masqué, s'il a
« pris un faux nom, s'il a usé de violences envers
« les personnes, ou s'il a fait des menaces, sans pré-
« judice, s'il y a lieu, de plus fortes peines prononcées
« par la loi. »

« Il y a récidive (art. 15) lorsque dans les douze
« mois qui ont précédé l'infraction, le délinquant a été
« condamné en vertu de la loi sur la police de la
« chasse. »

Le point de départ de ces douze mois est le jour où
la condamnation est devenue définitive et irrévocable,
c'est-à-dire, suivant les cas, le jour où le jugement ou
l'arrêt de la Cour d'appel a été rendu, ou celui où le
pourvoi en cassation a été rejeté.

L'amnistie a pour effet de faire disparaître la condamnation, par conséquent, si dans l'intervalle de ces
douze mois une amnistie avait été prononcée en faveur
des délits de chasse, un second délit ne constituerait
pas l'état de récidive. La grâce et la commutation de
peine n'ont pas le même effet que l'amnistie.

Tout jugement de condamnation doit prononcer la confiscation des instruments et engins de chasse ; néanmoins le fusil ne serait pas confisqué si le délinquant chassait en temps licite et muni d'un permis.

« Si les armes, engins, filets ou autres instruments « n'ont pas été saisis, le délinquant sera condamné à « les représenter ou à en payer la valeur, suivant la « fixation qui en sera faite par le jugement, sans « qu'elle puisse être au-dessous de cinquante francs. »

« Si l'inculpé a commis plusieurs délits de chasse, « la peine la plus forte lui sera seule appliquée. » Est-ce à dire que les juges devront dans tous les cas prononcer le maximum de la peine la plus sévère ? Non ; en cas d'infraction, par exemple, aux articles 11 et 12, la peine portée par l'article 12 étant plus forte que celle de l'article 11, c'est elle qui devra être appliquée, mais le juge a toute latitude entre le minimum et le maximum.

Les circonstances atténuantes dont l'admission dans les délits ordinaires a pour effet de faire abaisser la peine, ne sont pas applicables aux délits de chasse; les tribunaux en tiendront compte pour graduer la condamnation, mais quand ils auront reconnu l'existence du délit, ils ne sauraient, sous aucun prétexte infliger une peine inférieure au minimum fixé par la loi.

Cette mesure n'est pas rigoureuse, car on peut remarquer qu'en aucun cas, même dans celui de récidive, les tribunaux ne sont forcés de condamner à l'emprisonnement, et que le minimum de l'amende la plus lourde est de cent francs.

Le produit des amendes est affecté aux communes sur le territoire desquelles les délits ont été commis ; on prélève une certaine somme en faveur des gardes ou gendarmes qui ont verbalisé, pour les encourager à poursuivre les braconniers. Cette somme a été fixée par une ordonnance du 5 mai 1845 : elle est de huit francs pour les délits prévus par l'article 11; de quinze francs pour ceux prévus par l'article 12 et par l'article 13, § 1er; et de 25 francs pour l'article 13, § 2.

Quand plusieurs personnes ont été surprises se livrant ensemble à une chasse illicite, elles sont solidairement responsables ; si l'une d'elles n'est pas assez riche pour payer l'amende ou les frais, ou les dommages-intérêts, les autres payeront pour elle, sauf leur recours contre elle, si plus tard elle devient solvable.

« Le père, la mère, le tuteur, les maîtres et commettants sont civilement responsables des délits de chasse commis par leurs enfants mineurs non mariés, pupilles demeurant avec eux, domestiques ou préposés, sauf tout recours de droit.

« Cette responsabilité est réglée conformément à l'article 1384 du Code civil, et ne s'applique qu'aux dommages-intérêts et frais. »

Il faut apporter un tempérament à cette règle. Si les père, mère et tuteurs parvenaient à démontrer que le fait ne saurait être imputé à leur négligence, qu'ils ne pouvaient l'empêcher de s'accomplir, et qu'il n'y a eu aucune imprudence de leur part, leur responsabilité serait dégagée, comme le serait celle du maître qui prouverait que son domestique a commis le délit qui lui est reproché en dehors de son service.

C'est ainsi que la cour de Caen, dans son arrêt du du 1er février 1865, a écarté la responsabilité d'un maître, dont le domestique, à huit heures du soir, pendant l'hiver, n'ayant plus aucun service à faire, était allé chasser.

« Toute action relative aux délits prévus par la loi du 3 mai 1844 est prescrite par le laps de trois mois, à compter du jour du délit. » (Art. 29.)

Cette prescription peut être interrompue par des poursuites ; elle ne le serait point par le simple dépôt d'une plainte. Mais quand des poursuites ont eu lieu, les délits de chasse, comme les autres délits, ne se prescrivent plus que par trois ans.

Les tribunaux correctionnels sont compétents, non-seulement pour juger l'action publique, mais encore pour statuer sur la demande en dommages-intérêts introduite par le plaignant. Ils se rendront compte, par tous les moyens de preuve qu'ils jugeront utile d'employer, de l'étendue du préjudice causé, et fixeront la somme qu'ils croient suffisante pour le réparer.

Imprimerie de PAUL DUPONT, rue J.-J.-Rousseau, 41. 2893.7.72

LIBRAIRIE FRANÇAISE

E. LACHAUD & CIE

4, place du Théâtre-Français, à Paris.

I

HISTOIRE, GÉOGRAPHIE, VOYAGES

LA GUERRE DE 1870-1871, histoire politique et militaire, par Hector PESSARD et A. WACHTER, illustrations de DARJOU (50 livraisons in 8° jésus ornées de plus de 100 dessins, croquis ou cartes). Chaque livraison comprend 16 pages de texte et un ou plusieurs dessins. — L'ouvrage complet formera deux magnifiques volumes in 8° jésus.

M. Hector PESSARD a puisé aux sources les plus sûres les documents de cette malheureuse guerre. MM. WACHTER et DARJOU sont allés visiter ensemble tous les champs de bataille pour s'assurer de la position respective des armées, et retracer soit par la plume, soit par le crayon, toutes les phases de ce terrible drame.

Prix de chaque livraison isolée 60 centimes, soit 30 francs l'ouvrage complet.

Prix *par abonnement* de six livraisons 50 centimes, soit 25 francs l'ouvrage complet.

Prix spécial pour les souscripteurs à *l'ouvrage complet*, 21 francs.

Ainsi les personnes qui enverront un mandat-poste de 5 francs pour chaque *série de dix livraisons* ne payeront l'ouvrage complet que 25 francs, au lieu de 30 francs; enfin on obtient l'ouvrage complet pour 21 francs seulement si l'on verse cette somme en souscrivant.

Les livraisons seront expédiées, chaque semaine, *franco* au domicile des souscripteurs.

Le prix de 30 francs sera rétabli dès la mise en vente de la dernière livraison.

LE SIÉGE DE PARIS par Francisque SARCEY. 26e édition, illustrée par BERTALL. — 1 magnifique volume in-8° raisin broché   8   »

Reliure de luxe, tranche dorée 10   »

Edition populaire in-12. — 1 beau volume . .   3   »

LE CASQUE PRUSSIEN, souvenirs anecdotiques de la guerre 1870-1871, par Edgar RODRIGUES. — In-12. .   3   »

LA GUERRRE DE 1870-1871. — Documents officiels allemands, collection des dépêches télégraphiques du quartier général allemand, du roi de Prusse à la reine Augusta, etc.; du 31 juillet 1870 au 5 février 1871, traduit de l'allemand par W. FILIPPI. — 1 beau volume in-8°   2   »

1870-1871 VERSAILLES. — Quartier général prussien. — Abrégé historique, commercial et administratif de la ville pendant la période de son occupation par les Allemands, suivi d'une liste nominative des principaux prisonniers incarcérés à Versailles, avec les motifs de leur arrestation, par J.-T. DIEULEVAUT. — Un beau volume in-12.   3   »

LE SIÈGE DE PARIS raconté par un Prussien, par Hermann ROBOLSKY, traduit de l'allemand, par W. FILIPPI. — 1 beau volume in-12 . . . . 3 »

LES MARÉCHAUX ET LES GÉNÉRAUX DE FRANCE, par BRA-KENBURY, capitaine d'artillerie anglaise. . . . 0 »

MÉMOIRES POUR NUIRE A L'HISTOIRE DE MON TEMPS. — LE PRINCE NAPOLÉON; par BOURGOINE. — Un volume in-18. . . . . 2 50

HISTOIRE POLITIQUE DE LA FRANCE, depuis la chute du premier Empire, jugé par un Anglais, traduit par A. BERTIN. — In-8°. . . . . 1 »

DOCUMENTS POUR SERVIR A L'HISTOIRE DU SECOND EMPIRE. — Circulaires, Rapports. — Notes et Instructions confi-dentielles, 1851-1870. — 1 beau volume in-8°. 8 »

PREMIÈRE PARTIE.— Pièces antérieures au coup d'État. — Pièces relatives au coup d'État du 2 décembre 1851. — Plébiscite des 20 et 21 décembre 1851.—Instructions données du 31 décembre 1851 au 18 février 1852.— Premières élections législatives.— Voyages du Président de la République dans le midi de la France.—Plé-biscite du 8 mai 1870. — Circulaires d'installation du ministre de l'intérieur. — Documents divers.

DEUXIÈME PARTIE.— Rapport sur le régime de la presse. — La presse et les écrivains sous l'Empire.— Notes sur le service de la presse. — Rapports sur la presse départementale. — Rapports sur le colportage.— Note sur l'Emprunt mexicain. — Note sur la saisie des lettres. — Note sur l'emploi des fonds secrets. — Dé-penses relatives au coup d'État de 1851.

HISTOIRE POPULAIRE DE L'EMPEREUR NAPOLÉON Ier, racontée par Mathurin BLANCHET, ancien volontaire de 1814, mise en ordre et publiée par A. LABUTTE. — 1 beau volume in-18 . . . . 2 »

CINQ MOIS D'INVASION aux environs de Paris, par Henri LE BRUN. — In-18. . . . . 1 »

VOYAGES

L'ISTHME DE SUEZ, par Paul BORDE. — 1 beau volume in-8° contenant 4 planches, Port-Saïd, plan du Port-Saïd, plan d'Ismaïlia, Plan de Suez . . . . **3** »

De la profondeur du canal.— De la largeur du canal.— Port-Saïd et les ensablements.—Suez et Ismaïlia.— Les lacs Amers.—Navigation et remplissage.—Dépenses du canal.

L'ÉGYPTE 1870: — Les capitulations et la réforme par G. de LALEU . . . . **1** »

PABLO OU LA VIE DANS LES PAMPAS, par Mme EDUARDA, M. DE GARCIA, avec une lettre de M. E. LABOULAYE. — 1 beau vol. in-12 . . . . **3** »

AVENTURES D'UNE PARISIENNE DANS LA NOUVELLE-CALÉDONIE, par le Docteur THIERCELIN . . . . **2** »

VOYAGES AUTOUR DU MONDE ET NAUFRAGES CÉLÈBRES, par le capitaine G. LAFOND DE LURCY, 5 volumes de voyages et 3 volumes de naufrages célèbres, soit 8 volumes avec 80 belles gravures sur acier, en noir et en couleurs. —
Chaque volume avec 10 gravures. Prix. . . . **6** »
Ensemble les 8 volumes avec 80 gravures . . **45** »

La relation de ces voyages qui ont duré quinze ans diffère essentiellement de celles publiées par les grands navigateurs, tels que Cook, Tasman, Bougainville, La Pérouse, de Langle, Vancouver et autres navigateurs anciens, et de nos jours par Krusenstern, Kotzebue, de Freycinet, Arago, Dumont d'Urville, etc. Tous ces navigateurs avaient des missions spéciales de leurs gouvernements, et n'ont pu séjourner que peu de temps dans les ports qu'ils visitaient. — M. LAFOND DE LURCY a séjourné pendant quinze ans au milieu des peuples dont il parle. Voici un aperçu de chacun des volumes de ce grand ouvrage; et si un lecteur, un voyageur ou un négociant, est désireux de connaître par exemple le Mexique, la Californie ou l'Amérique centrale, il achètera le premier volume des voyages ; s'il veut visiter la Colombie, l'Équateur, le Pérou, le Chili, il se procurera le deuxième volume, et ainsi de suite jusqu'au dernier.

NAUFRAGES

Polynésie occidentale. — Voyage et naufrage du *Candide* dans la Polynésie. — Lomboch. — Révolte à bord d'un navire javanais. — Australie. — Nouvelle-Galles du Sud. — Sydney. — Situation des diverses classes de déportés. — Nouvelle-Zélande. — Établissement des Missionnaires anglais. — Guerre. — Cannibalisme, etc. — Arrivée à Tonga-Tabou. — Tempête. — Naufrage du *Candide*. — Description des Iles Tonga ou des Amis. — Iles des Navigateurs ou Samoas. — Massacre du capitaine de Langle, second de La Pérouse. — Les Iles Viti. — Massacre du capitaine Bureau. — Représailles par les corvettes l'*Astrolabe* et la *Zélée*. — Les Iles King's-Mill. — Les Carolines. — Archipel des Iles Mariannes. — Tinian. — Agagna. — Excursions à Umata. — Arrivée aux Iles Philippines. — Réunion. — Sainte-Hélène. — Visite au tombeau de Napoléon Ier. — Retour en France.

II

POLITIQUE

LA RÉPUBLIQUE ET LES CONSERVATEURS, par E. DE MARCÈRE. — 1 volume in-8° . . . . **1** »

LA LIBERTÉ républicaine, par Eugène VILLEDIEU. — In-12. . . . . **3 50**

RÉPUBLIQUE ET ROYAUTÉ. De la nécessité d'établir le gouvernement de la France sur la base républicaine, par Léon FÉER. — 1 volume in-18. . . . . **2** »

LES NEUTRES ET LES INSOCIABLES, par DECOUS DE LAPEYRIÈRE. — In-8° . . . . **1** »
La faction des insociables. — Le parti modéré. — L'instruction. — Garantie de l'ordre social. — Le petit coin de vérité en tout. — La décentralisation. — L'abstention dans les votes. — La fédération. — La conciliation. — La popularité.

OU EST LE SALUT ? Pas de dissolution, par E. LAFFINEUR. — In-8° . . . . **1** ».

DU MANDAT DE L'ASSEMBLÉE NATIONALE, par A. EDWARD, — In-8°. » **30**

BIOGRAPHIE DES REPRÉSENTANTS à l'Assemblée nationale, par Félix RIBEYRE, — 1 vol. in-12 . . . . . . **5** »

LA VOLONTÉ NATIONALE, par Albert DELPIT, in-18. **1** »

ESSAI sur l'organisation du **SUFFRAGE UNIVERSEL** en France, par le marquis DE CASTELLANE. — 1 beau volume in-8°. . . . . **5** »

ÉTUDE ANALYTIQUE et COMPARÉE DE LA MONARCHIE DYNASTIQUE héréditaire et de la démocratie, par le docteur Jules GUYOT, in-18 . . . . **1 50**

LETTRES TARTARES. Correspondance secrète d'un ambassadeur pour servir à l'histoire du second Empire, par JUNIUS. — 1 beau vol. in-12. . . . . **3** »

1*

LETTRE A M. THIERS, président de la République française, par un spectateur. — In-18. . . . . » 50

LE DUC D'AUMALE et L'AVENIR DE LA RÉPUBLIQUE, par FLAVIUS. — In-8°. . . . . 1 »

RADOTAGES D'UN VIEUX RÉPUBLICAIN sur les hommes et les choses de ce temps, 1870-1871. — 1 beau volume in-12. . . . . 3 50

RÉPUBLIQUE OU DÉCADENCE. — In-8°. . . . . . » 75

L'APAISEMENT. — Brochure in-8°. . . . . 1 »

LE SALUT DE LA FRANCE ou la fusion de toutes les opinions, de tous les partis en 1871, par Prosper COLLARD. — In-8°. . . . . » 50

A L'ARMÉE, AU PEUPLE DE FRANCE, aux Chambres, par J. COLETTE. — In-8°. . . . . » 50

A BAS LA GUERRE ! par Georges DEVILLE. — In-8°. » 50

GUERRE ET CIVILISATION, LES VICTIMES DE LA GUERRE et les progrès de la civilisation, par le Docteur CHÉRON. — 1 volume in-18. . . . . 2 »

LA CONSTITUTION DE L'EMPIRE FRANÇAIS. Son origine et ses transformations de 1852 à 1869 ; le projet de sénatus-consulte du 81 juillet 1869, commenté par l'exposé des motifs. — In-8°. . . . . 1 »

L'ALLIANCE FRANCO-RUSSE et la TURQUIE, par M. A.-M. BOUVIER. — In-8°. . . . . 1 »

FRANCE, PRUSSE, RUSSIE, ou la politique nouvelle, par LUIZ. . . . . 2 »

DE LA QUESTION CONSTITUTIONNELLE, par Edmond NEAL. — In-8°. . . . . 1 »

LA PALESTINE au point de vue international, par Antony ROULLIET. — In-8°. . . . . 1 »

DE LA GUERRE DANS LA SOCIÉTÉ, SA FIN, par ROUSSINET. — In-8°. . . . . 1 »

LES DRAMES DE LA POLITIQUE. — La Conciergerie, — Bicêtre, — la Ricamerie, par Léon HECKISSE. — 1 volume in-18, jésus. 1 25

EN AVANT ! EN AVANT ! par Frédéric FORT. — In-8°. 1 »

LES NOUVEAUX JACOBINS, par Eugène LOUDUN. — 1 beau vol. in-12 . . . . 2 50

L'EMPIRE JUGÉ PAR SES ACTES, première partie , 1 50

ENCORE MONSIEUR BONAPARTE. — Lettre à Alceste, par Louis MIÉ, in-18 . . . . » 50

ROUTE DES BONAPARTISTES, LÉGITIMISTES ET ORLÉANISTES, par BARTHÉLEMY, in-8°. . . . . » 50

III

PHILOSOPHIE, MORALE

LA REVANCHE DE LA FRANCE PAR LE TRAVAIL, projet d'une Constitution prenant pour base et modèle la famille ; pour moyens l'instruction, le travail et la production sous toutes leurs formes ; pour but le règne de la fraternité par le respect des droits acquis et à acquérir, par Jean-Paul MAZAROZ. — 1 beau volume in-18. . 1 »

LES IDÉES DE MONSIEUR PRUDHOMME, par Eugène CRÔNAT. — 1 volume in-18. . . . . » 50

FONDEMENT à une bonne et complète division des scien-
ces. Lettre à un orléaniste sur la meilleure des institutions qu'un pays puisse avoir.— Grand in-8°. **1** »

L'ART DE VIVRE HEUREUX, par Alphonse SARAZA, traduit
en français, d'après le texte italien du R. P. A. BRES-
CIANI, in-18. . . . . **2** »

365 CONSEILS. — UN CONSEIL PAR JOUR, par Henri DE LA-
POMMERAYE. — 1 beau volume in-18, Jésus . . **2** »

L'expérience.— Les relations sociales.— L'éducation et l'instruction.—La famille.—La maison.—La santé.—La profession
et les affaires. — L'argent. — Les passions.— Les défauts.— Les
habitudes. — La vie et la mort.

L'INITIATIVE INDIVIDUELLE, en religion, en politique, en
littérature dans les relations sociales et la vie pratique,
par Louis BONDIVENNE. — 1 volume in-8°. . . **1 50**

LA SOCIÉTÉ NOUVELLE ET L'ÉDUCATION, par Louis BONDI-
VENNE. — 1 volume in-8°. **1 50**

LA QUESTION SOCIALE, par Charles MARTIN. — Brochure
in-8°. **1** »

PRINCIPES D'UN GOUVERNEMENT LIBRE, par Ch. MARTIN.—
1 volume. . . . . **1** »

LES PAROLES D'UN PROSCRIT. La France devant le siècle.
— In-8°. . . . . **1** »

IV

LÉGISLATION

CODE ÉLECTORAL, contenant, pour les élections aux conseils municipaux, aux conseils généraux et d'arrondissement et au Corps législatif, le résumé méthodique de la législation, la jurisprudence du Conseil d'État, de la Cour de cassation. — Le texte des lois et décrets en vigueur, par E. BIDAULT. — 1 beau vol. in-12 (5ᵉ édit.). . **3** »

CODE MUNICIPAL, droits et devoirs des Conseillers municipaux, les Maires et les administrés, par Jules LE BERQUIER. — 1 vol. in-12. . . . . **3 50**

ÉCONOMIE ET DÉCENTRALISATION. — Comment pourrait-on les réaliser en France ? Question soumise à la haute commission, chargée de l'organisation administrative, par M. P.-E. LAJOGA, in-8° . . . . **1** »

LA GUERRE SOCIALE, et des moyens d'en écarter la menace. — In-8°. **1** »

LA JUSTICE GRATUITE, plus d'avocats, plus d'avoués par de ROCHEFORT. — In-12. . . . . **2** »

LOI DES 23-25 AOUT 1871. — Guide pratique des Propriétaires et Locataires pour l'enregistrement des Baux et Locations verbales; texte de la loi; devoirs des Propriétaires et des Locataires. — Baux écrits et locations verbales. — Déclarations. Enregistrement, par Eugène BORNOT. — In-8°. . . . . **1** »

GUIDE DU CONTRIBUABLE, par J.-E. Isoard, onzième édition revue et mise au courant de la législation. — 1 volume in-18 . . . . **1 50**

LES RÉFORMES FISCALES, les réformes sur les boissons, sa transformation et sa réduction, par Charles Ducher. — In-8° . . . . **1 »**

LE TIMBRE DES JOURNAUX, par Tony Révillon . . **1 »**

V

FINANCES

UNE PREMIÈRE ÉCONOMIE DE 337 MILLIONS DE RENTE, à réaliser par l'aliénation du produit des droits de mutation, par A. Amelin, in-8° . . . . **1 »**

LE CRÉDIT GÉNÉRAL POUR TOUS, non remboursable, spécialement applicable aux finances de la ville de Paris, par E. Baronnet, in-4° . . . . **3 »**

AU COMMERCE ANGLAIS ET FRANÇAIS. — DE LA BANQUE DE FRANCE et de la création d'un Clearing-house international, suivi d'un projet de création de chèques-monnaie remédiant à la gêne monétaire, par Gustave Lazard. — In-4° . . . . **» 30**

LE PROMPT CALCULATEUR, ou les parties aliquotes simplifiées ; petite méthode à l'aide de laquelle on peut faire soi-même toute espèce de décompte d'intérêts, par E. Chaucuard, à l'usage des grandes administrations, de MM. les Banquiers, Agents de change, notaires, Trésoriers-payeurs généraux, Receveurs particuliers, Négociants, etc. — In-8° . . . . **1 »**

DE L'IMPOT SUR LES VOITURES ET LES CHEVAUX, commentaire de la loi du 2 juillet 1852 remise en vigueur par la loi du 16 septembre 1871. Assiette et recouvrement de l'impôt; réclamations des contribuables, par J.-E. ISOARD, — 1 vol. in-8° (nouvelle édition) . . . . **2** »

LE BILAN NATIONAL, projet de réformes radicales des finances de l'Empire, par L. BOURGET.— In-8°. **4** »

VI

THÉATRE

MAURICE DE SAXE, drame en cinq actes, en vers, représenté pour la première fois sur la scène du Théâtre-Français, le 2 juin 1870, par Jules AMIGUES et Marcellin DESBOUTINS. — Grand-8°. . . . . **4** »

L'OMBRE, opéra-comique en trois actes, par M. de SAINT-GEORGES, musique de M. de FLOTOW, représenté pour la première fois sur le théâtre de l'Opéra-Comique, le 7 juillet 1870. — In-18. . . . . **1** »

LES BÊTISES DU CŒUR, comédie en trois actes par Théodore BARRIÈRE, représentée pour la première fois, à Paris, sur le théâtre du Palais-Royal, le 9 septembre 1871. — In-18. . . . . **1** »

LE TESTAMENT DE MONSIEUR DE CRAC, opéra-bouffe en un acte, par Jules MOINEAUX, musique de Charles LECOQ, représenté pour la première fois, à Paris, sur le théâtre des Bouffes-Parisiens, le 23 octobre 1871.—In-18. **1** »

2*

RÉDACTION. — Jean Aicard, Émile Blémont, Pierre Elzéar, E. d'Hervilly, G. Morel, Camille Pelletan, Armand Silvestre, Léon Valade.

Prix du numéro : 80 centimes.

ABONNEMENTS : Paris. Un an, 15 fr. — Six mois, 7 fr. 50.
Département. Un an, 18 fr. — Six mois, 9 fr.
Étranger, port en sus.

On s'abonne à la librairie E. Lachaud, 4, place du Théâtre-Français.

Le mouvement de la Littérature et des Beaux-Arts en France et à l'Étranger ne peut être suivi d'une manière constante et utile par les journaux politiques. Le journal hebdomadaire *La Renaissance*, fondé par un groupe de jeunes écrivains, déjà sympathiques au public, a pour but spécial de signaler et interpréter ce double mouvement

Moins frivole que beaucoup de feuilles quotidiennes, où l'actualité se fait nécessairement une très-large part, plus fréquente que les Revues, et sous une forme plus alerte, cette publication répond aujourd'hui à un besoin réel des esprits.

L'heure est en effet sérieuse ; on souhaite les distractions élevées ; le journal *La Renaissance* doit à coup sûr trouver l'appui de tous les lettrés et de toutes les personnes de goût.

VII

SCÈNES MILITAIRES

LE CORPS DES PONTS ET CHAUSSÉES, les ponts et chaussées et les Conseils généraux, par Ferdinand CAVENNE. — In-8° . . . . » 50

CODE MANUEL DE LA GARDE NATIONALE, expliqué et interprété par la jurisprudence. — Les circulaires, décisions et instructions ministérielles de 1831 à 1872 ; ouvrage publié par le ministère de l'Intérieur. — 1 volume in-8° . . . . 6 »

L'ARMÉE NOUVELLE, où l'on voit naître et mourir l'armée que nos contemporains ont connue, par Maxime LAHAUSSOIS. — 1 vol. in-12 . . . . 3 »

CONSÉQUENCES MILITAIRES ET POLITIQUES des armes nouvelles , par le Baron DU CASSE. — 1 beau volume in-18 . . . . 2 »

SOUVENIRS DE CAPTIVITÉ.— De l'instruction en Allemagne, par un officier supérieur.— In-8° . . . . 1 »

LA QUESTION MILITAIRE EN 1871, contenant l'exposé complet des institutions militaires de l'Allemagne et un aperçu de l'organisation des autres pays de l'Europe, par le Baron d'AUPIAS DE BLANAT. — 1 vol. in-8° . . . 1 »

ARMÉE DE TERRE ET ARMÉE NAVALE, étude sur nos institutions militaires et maritimes, par P. MOZIMAN. — 1 vol. in-8° . . . . 2 »

DÉFENSE NATIONALE, Recrutement. — Organisation de l'Armée, — Instruction. — Moralisation de la classe ouvrière. — Amélioration des finances et du suffrage universel, par AD. RILLIOT, in-8° . . . . » 50

L'ARMÉE A REFAIRE ET A PAYER, de la réorganisation des forces nationales de la France, par un officier de l'état-major général in-12 . . . . 1 »

— 20 —

RÉORGANISATION POLITIQUE ET MILITAIRE DE LA FRANCE, par le général Louis Du Temple. in-8°. . . . . 1　»

PROJET D'ORGANISATION MILITAIRE EN FRANCE, par René Gobillon, in-8° . . . . »　50

GUERRE DE 1870-1871, considérations militaires, par J. B. Banniard, in-8° . . . . 1　»

L'ÉCOLE POLYTECHNIQUE, et nos institutions militaires et scientifiques, par un ancien officier . . . . 2　»

ABRÉGÉ DE L'ART DE LA GUERRE, suivi de l'organisation militaire de la France, par L.-V. Rossel (maison d'arrêt de Versailles, août-septembre 1871). — 1 beau volume in-12 . . . . 3　»

PRÉCIS COMPARÉ DE LA GUERRE FRANCO-ALLEMANDE, exposé des opérations des deux armées. — Les Campagnes de la Loire avec cinq planches spéciales, par A. Lambert. — 1 volume in-12. . . . . 3　»

RAPPORT SUR LA CAMPAGNE DE L'EST. — 1870-1871. — Besançon. — Belfort. — Armée de Bourbaki, sa retraite en Suisse, par M. J. Juteau. — 1 beau vol. in-8° avec une carte des opérations de la campagne . 1　»

L'INVASION DANS L'EST. LE GÉNÉRAL CREMER. — Ses opérations militaires en 1870-1871, par son chef d'état-major, le colonel Poullet. — 1 beau vol. in-18. 5° édition, augmentée de notes et de deux cartes du théâtre de la guerre . . . . 2　»

GARIBALDI, ses opérations à l'Armée des Vosges, par Robert Middleton. — 1 beau vol. in-8° . . . . . 6　»

LA VÉRITÉ SUR METZ (Blocus et Capitulation), par d'Aviau de Piolan. — in-8° (3° édition) . . . . 1　»

DU RECRUTEMENT, de l'organisation et de l'instruction de l'Armée française, par Léonce DÉTROYAT, in-18. . **1 50**

LETTRE DE M. LE GÉNÉRAL PAJOL sur la bataille et la capitulation de Sedan. — In-8°. . . . . » **50**

QUE VONT DEVENIR LA GARDE NATIONALE, LA GARDE MOBILE ET L'ARMÉE, par A. EDWARD. — In-8°. . . . . » **50**

GUERRE DE 1870. Les Prussiens à Versailles et dans le département de Seine-et-Oise. Protestation contre les assertions du Moniteur officiel prussien, par JAIME. — In-8°. . . . . » **50**

LA BATAILLE DE BERLIN EN 1875, souvenir d'un vieux soldat de la landwehr, par Edouard DANGIN. — 1 volume in-18. . . . . **1** »

TABLETTES D'UN MOBILE, 1870-1871, par Jacques NORMAND. — 1 volume in-18. . . . . **2** »

HISTOIRE D'UN SOLDAT DE 1870, par FRENCH. — 1 beau vol in-12 . . . . **3** »

HUIT JOURS D'HISTOIRE. Le commandement de l'amiral Saisset, du 19 au 25 mars 1871, par Albert DELPIT. — 1 vol. in-16 . . . . **1** »

LES SOLDATS DU DÉSESPOIR, par Alexis BOUVIER. — 1 vol. in-12 . . . . **3** »

LES MARTYRS DU DRAPEAU, par Antoine CAMUS. — 1 vol. in-12 . . . . **3** »

L'ENVERS D'UNE CAMPAGNE, par Charles JOLIET. — 1 vol. in-12 . . . . **3** »

UN UHLAN ET LE RAID, étude sur la cavalerie et sur l'Armée nouvelle, par Paul-Alfred CONTE. — In-8°. **1** »

LES MOBILES du 90ᵉ département, par PICHON, in-18. 2 ,

LA QUESTION ALGÉRIENNE. — Les Arabes, l'armée, les co-
lons, par Eugène LUNEL. — 1 beau vol. in-8°, 3 ,

LETTRES A UN JEUNE ENGAGÉ, par Nicolas BREUILLART. —
1 vol. in-18 . . . . 2 50

VIII

POÉSIES

CHANTS DE GUERRE DE LA FRANCE EN 1870-1871. — In-18
jésus . . . . 5 ,

LA VOIX DES SILENCIEUX A LA PATRIE, par Albert PINARD.
— in-8° . . . . » 50

LES HAINES SAINTES, pamphlets politique, par MANFRED.
— 1 beau volume in-18 . . . . 18 ,

LES REVANCHES, satires politiques, par BRU D'ESQUILLE.
— 1 beau volume in-18 . . . . 3 »

L'INVASION DE 1870-1871, par Albert DELPIT. — 1 beau volume in-18. 12ᵉ édition, revue, augmentée d'une préface
et de pièces nouvelles. . . . . 1 »
La légende du drapeau. — La honte. — La charge des cuiras-
siers. — La rencontre. — Bismark. — Le serment d'Annibal. —
Le départ du Breton. — Suraum cordal — Le dernier jour d'une
cité. — La vision. — La petite ville. — Après le combat. — Dieu
juste. — La fin de Guillaume. — A Chateaudun. — Les étrennes
de Paris. — La reconnaissance d'un peuple. — A la France.

LA PRUSSIADE, ou les hauts faits de Guillaume et de ses alliés en France, 1870-71 (douze poëmes par un Suisse), par le Dr Henri-M. VALLON-COLLEY. . . . . . . **2** »

RIMES RÉPUBLICAINES, par GANAURY. . . . . . . **2** »

FRANCE ! (poésie), par Léon MAUREL, in-8° . . . **2** »

LA RÉVOLUTION, par Victor RESAL. . . . . **2** »

LA PUPILLE, par J. L. DAGUNOLLI, in-8° . . . . . » 50

L'HÉROINE D'ALSACE, par Eugène BEAUFORT. . . . » 50

A GUILLAUME DE PRUSSE sur son entrée à Paris, par Jules MAILLARD. — In-18. . . . . » 50

LE BOMBARDEMENT DE GOMORRHE, Strophes, par M. Saint- Germain, par ABRAHAM DREYFUS in-18. . . . . . » 50

PRIMA VERBA, par Georges RICHE . . . . **2** »

A M. ROCHEFORT, par J.-B. LACOMBE. — In-8°. . » 50

JE VOUS SALUE, GUILLAUME LE VAINQUEUR, par le MÊME. — In-8° . . . . » 50

LES GRIFFES DU LION, par SECHÉ. . . . . **2** »

NOTES DE VOYAGE, par Louis GUIBERT, mauvais jours *ex* *intimo.* — Poésies diverses. — In-18 . . . . . **2** »

STROPHES CÉSARIENNES, par LABIÉNUS. — In-12. . **2** »

POÉSIES DE CHARLES VALETTE. — In-18. . . . . . **3** »

LES CHANTS DU NIL, par NICOLE . . . . **2** »

PÉCHÉS MIGNONS, opuscules rimés, par Louis CHAVANCE. — 1 vol. in-8°. . . . . **3** »

LES ACTRICES DE PARIS, quatrains, par E. HUBERT et C. de TROGOFF. — 1 volume . . . . **2** »

LACRYMÆ RERUM, poésies par Lucien PATÉ, in-18. 2 »

FLOCONS DE NEIGE, poésies par Louis FOUQUET. —
In-8° . . . . 3 »

MAISON VICTOR HUGO ET Cie, 1812 et 1871, poésies sati-
riques, par J.-P. BIO, in-8° 1 25

IX

ROMANS ET NOUVELLES

LES ORPHELINS DE LA SAINT-BARTHÉLEMY, par PONSON DU
TERRAIL. — 1 vol. in-12 . . . . 3 »

AMAURY LE VENGEUR, par PONSON DU TERRAIL. — 1 vol.
in-12° . . . . 3 »

SCÈNES ET CROQUIS DE LA VIE PARISIENNE, par Charles
JOLIET. — 1 vol. in-12 . . . . 3 »

LE FORÇAT COLONEL, par F. DU BOISGOBEY. — 1 vol.
in-12 . . . . 3 »

UN COQUIN DE PROVINCE, par Ernest BILLAUDEL. — 1 vol.
in-12 . . . . 2 »

LES SOIXANTE ET UNE VICTIMES DE LA GLACIÈRE, par Ernest
DAUDET. — 3 vol. in-12 . . . . 8 »

LA RATAPIOLE . . . . 3 »

JOURDAN COUPE-TÊTE . . . . 3 »

L'EXPIATION . . . . 2 »

LA ROCHE CARDON, par Georges MAILLARD . . . . 3 »

LES MASQUES D'OR, par Alfred DES ESSARTS. — 1 vol. in-12 . . . . **3** »

LES CRIMES INCONNUS, par Elie BERTHET. — 1 volume in-12 . . . . **3** »

LES DRAMES A TOUTE VAPEUR, par Camille DEDANS. — 1 vol. in-12 . . . . **3** »

LES FORÇATS INNOCENTS (souvenirs judiciaires), par René DE PONT-JEST. — 1 beau vol. in-12 . . . . **3** »

LES DAMES DE RIBEAUPIN, par Ernest DAUDET. — 1 beau vol. in-12 . . . . '. **3**

JEAN DE L'AIGUILLE (roman historique), par Jules AMIGUES. — 1 vol. in-12 . . . . **3 50**

LES HOMMES A BONNES FORTUNES, par Oscar DE POLI. — 1 vol. in-12. 2e édition . . . . **3** »

RAPHAEL et MARGARITA, par Edmond LORES. — 1 beau volume in-8° . . . . **4** »

LA DIRECTRICE DES POSTES, par Elie BERTHET. — 1 vol. in-12 . . . . **3** »

LES AVENTURES D'UN SUICIDÉ, par Tony REVILLON. — 1 vol. in-12 . . . . **3** »

L'ART D'ÊTRE TRÈS-MALHEUREUX EN MÉNAGE, par Jules FREY. — 1 volume in-18. . . . . **1** »

C'est un art que beaucoup d'époux connaissent ex-professo, sans l'avoir jamais étudié; aussi l'auteur ne pretend-il pas l'enseigner; au contraire, il cache sous l'antithèse du titre de son livre le but qu'il s'est proposé, et ce but est de révéler le moyen d'être parfaitement heureux.

X

L'INTERNATIONALE

L'INTERNATIONALE, par Oscar Testut.— 1 beau volume in-12, 7ᵉ édition . . . . **3** »

Son origine.— Son but.— Son caractère.— Ses principes.— Ses tendances. — Son organisation. — Ses moyens d'action. — Ses ressources.— Son rôle dans les grèves. — Ses statuts.— Ses congrès. — Son développement.

LES SÉANCES OFFICIELLES DE L'INTERNATIONALE à Paris pendant le siége et pendant la Commune. — 1 beau volume in-12. . . . . **3** »

LE LIVRE BLEU DE L'INTERNATIONALE. — Rapports et documents officiels lus aux congrès de Lausanne, Bruxelles et Bâle, par le Conseil général de Londres et les délégués de toutes les sections de l'Internationale, par Oscar Testut.— 1 beau volume in-12, 3ᵉ édition. . **3** »

L'INTERNATIONALE ET LE JACOBINISME AU BAN DE L'EUROPE, par Oscar Testut. — 2 magnifiques volumes grand in-8º. . . . . **10** »

Première partie. — L'Internationale s'occupe-t-elle de politique ? Son immixtion constante dans les événements politiques prouvée par ses actes. — La branche française de Londres et ses meetings révolutionnaires, provocations à l'assassinat politique; Le Luboz, Besson, Félix Pyat et autres; le plébiscite et le complot des bombes; les préparatifs de la guerre civile; les premières tentatives de la démagogie, etc. **Dictionnaires et alphabets secrets de l'Internationale.**

Deuxième partie. — Les exploits de l'Internationale à Lyon,

les 28 septembre, 4 novembre et 20 décembre 1870, 25 mars et 30 avril 1871. Les ligues du Midi et de l'Est, le général Cluseret à Marseille, Aix et Genève; ses attaques contre le Gouvernement de la défense nationale; ses émeutes; participation de l'Internationale à la plupart de ces mouvements insurrectionnels; ses agissements à Brest et à Rouen.

L'Internationale maîtresse de Paris; son rôle aux 4 septembre, 31 octobre, 22 janvier et 18 mars. **Situation actuelle de l'Internationale en Europe.**
Chaque volume se vend séparément . . . . 8 »

LA COMMUNE DE PARIS. — Les scélérats de la Révolution, par Eugène VILLEDIEU . . . . » 50

LES COMMUNEUX, par LACOMBE. . . . . » 50

LE NOUVEAU PARIS, QU'EST-CE DONC QUE LA COMMUNE, définition politique et historique, par Jules LE BERQUIER. — In-8° . . . . 1 »

LES 31 SÉANCES OFFICIELLES DE LA COMMUNE. — Membres de la Commune. — Discours d'ouverture. — Comptes rendus officiels. — Annexes aux procès-verbaux. — Projets de lois et de décrets. — Rapports des commissions, etc. — 1 beau volume in-12 . . . . 3 »

HISTOIRE DE LA PRESSE sous la Commune, du 18 mars au 24 mai 1871, par A. GAGNIÈRE. — 1 beau volume in-18. . . . . 3 »

LA PRESSE DE LA DÉCADENCE, par JUNIUS . . . . 2 »

LES COMMUNEUX DE PARIS 1871. — Types, physionomies, caractères, par BERTALL, magnifique album in-folio, reliure de luxe, 31 dessins. . . . . 10 »

LE COMMUNISME jugé par l'histoire, depuis son origine jusqu'en 1871, par A. FRANCK. — In-18. . . 1 »

LES SCÉLÉRATS DE LA RÉVOLUTION, par VILLEDIEU. » 50

L'AGONIE DE LA COMMUNE. — Paris à feu et à sang, par Ernest DAUDET. in-18 . . . . **2** »

LES 73 JOURNÉES DE LA COMMUNE, par Catulle MENDÈS, du 18 mars au 20 mai 1871. — 6e édition, 1 beau volume in-12 . . . . **3** »

LE PILORI DES COMMUNEUX. — Biographie des membres de la Commune.—Leurs antécédents. — Leurs mœurs.— Leur caractère. — **Révélations,** par Henry MOREL. — in-12 . . . . **3** ,

LES INSURGÉS du 18 mars; Jules Vallès, membre de la Commune, par N. BLANPAIN. — In-32 . . . . » 60

PARIS BRULE. — L'hôtel-de-Ville. — Les Tuileries. — Le Louvre. — Le Palais-Royal. — Le Palais de Justice. — La Légion d'honneur. — Le Palais du quai d'Orsay. — La colonne Vendôme. — **L'incendie,**— par Frédéric FONT. — 1 beau volume in-18 . . . . **2** »

PAPIERS POSTHUMES DE J.-N. ROSSEL, recueillis et annotés par Jules AMIGUES. — 1 beau volume in-8o . . **6** » Capitulation de Metz. — Entrevue avec le général Changarnier et le maréchal Bazaine.— Mon évasion. — Le gouvernement de Tours.— Le camp de Nevers.— Mon rôle sous la Commune.— Cluseret, Pyat, Bergeret, etc. — La défaite de la Commune.— Notes et pensées. — Timothée (Folie). — Derniers jours. — Vixerunt!

PAPIERS SECRETS, brûlés dans l'incendie des Tuileries, complément de toutes les éditions françaises et belges des **Papiers et Correspondances** de la famille impériale. — 1 vol. in-8o.. . . . . **6** »

CHAPITRES NOUVEAUX SUR LE SIÉGE ET LA COMMUNE, par Lucien DUBOIS, ex-inspecteur général des halles et marchés de Paris . . . . » »

XI

MÉDECINE, HYGIÈNE

ESSAI SUR LE SERVICE MÉDICAL DE L'ARMÉE EN CAMPAGNE, par le Dr J.-L. CAUBET, in-8°. **1 50**

L'AVENIR DU MARIAGE OU L'USAGE ET L'ABUS dans l'union des sexes; propositions et développements rédigés aux points de vue médical, philosophique et théologique, par H.-M. GOURRIER. — 1 magnifique vol. in-8°. **5 »**

UNE RÉVOLUTION EN MÉDECINE, par des connaissances nouvelles sur le foie, ses maladies et celles qu'il détermine, suivies d'un exposé sur la nature de la force vitale. — Ouvrage écrit pour être compris de tous, par Tony DUNAND. — 1 beau volume in-12 . . . . **3 50**

COMMENT ON PEUT GUÉRIR LA GOUTTE, par Jules FREY. — 1 volume in-18. . . . . **1 »**

Si incroyable que paraisse cette cure, l'auteur cite des exemples de guérison par de simples moyens hygiéniques qu'il indique dans un langage familier et que peuvent comprendre les personnes étrangères aux formules thérapeutiques.

A TOUTES LES FEMMES, POUR ÊTRE TOUJOURS BELLES, par Jules FREY. — 1 volume in-18. . . . . **1 »**

Sous ce titre un peu frivole, l'auteur a voulu prouver que la femme peut être toujours belle, si elle sait subordonner sa prétention à la beauté, aux dons que la nature lui a faits et à la marche des années. Chaque âge, dit-il, à son genre de beauté; à la jeunesse, la fraîcheur; à la vieillesse, la majesté des cheveux blancs.

MÉTHODE POUR PROLONGER LA VIE, par Jules FRBY. —
1 volume in-18 . . . . **1**   »

L'homme ne meurt pas, il se tue dit l'auteur; et en disant
par suite de quelle série d'impfudences l'homme abrége sa vie,
il lui indique le moyen de la prolonger par l'observance des lois
les plus vulgaires de l'hygiène.

XII

DIVERS

L'ÉLECTRICITÉ APPLIQUÉE AU SONDAGE DES MERS, par Paul
HÉNOUIN, Les câbles électriques sous-marins, sondage
des mers, appareils déjà connus et appliqués, électro-
barathromètre. — 1 beau vol. in-8° avec planches.   **3**   »

DE LA COMBUSTION, phénomènes généraux, modifications
apportées à la théorie de Lavoisier, par A. BOILLOT. —
In-18 . . . . **1**   »

DU CHAUFFAGE ET DE LA VENTILATION des habitations pri-
vées, par Castaréde LABARTHE. — 1 beau volume in-8°,
accompagné de huit planches. . . . . **4**   »

DESCRIPTION D'UN TYPE DE VOIE pour chemins de fer économiques, par Gustave MANOROY. — In-8°. .   **1**   »

LA COUR DE ROME et la France, par Jean WALLON. —
In-12 . . . . **2**   »

DU CONCILE OECUMÉNIQUE. — Observation d'un laïque, bon
français et bon catholique, par M. P. D. — Brochure
in-8° . . . . **1**   »

L'APOTRE SAINT PAUL, par l'abbé J.-P. DERAMEY, docteur en théologie de la Faculté de Paris. . . . . . . **8** »

LE CONCILE DU VATICAN et la société moderne. — 1 beau volume in-8° . . . . **4** »

L'ASSEMBLÉE NATIONALE. — Histoire de la salle. — Plan de la Chambre, avec numéro d'ordre indiquant la place de chaque membre de l'Assemblée nationale. — Liste des Députés par numéro d'ordre indiquant leur place à chaque banquette. — Liste alphabétique de MM. les membres de l'Assemblée nationale, avec le numéro d'ordre, indiquant leur place dans la Salle et leur adresse, par L. d'AUBENTON. — In-8° . . . . **2** »

ALMANACH DE VERSAILLES . . . . » **60**

LES HOMMES DU MOMENT, par BELLIN DU COTEAU. — Notice biographique 1870-1871. — 1 vol. in-18. . . . . **1** »

M. le procureur général Leblond — Le général Tamisier. — M. Haureau. — Le général d'artillerie Frébault. — M. Rampont. — Le général Chanzy. — M. Grevy. — M. Léon Say, — M. Sauvage.

LES PORTRAITS COSMOPOLITES, par le marquis de VILLE-MER. — 1 volume in-12 . . . . **3** »

PÉCHERESSES devant le tribunal de la nation, par BARTHELEMY, in-8° . . . . » »

L'ESPRIT DE LA GUERRE, par N. VILLIAUME. . . . . **2** »

PROJET DU TARIF DU TRANSIT, par le canal de Suez, présenté au Conseil d'Administration de la Compagnie le 6 février 1872, par A. SPÉMENT. — In-8°. . . . » **40**

LA QUESTION DES INDEMNITÉS. — Bombardement, pillage, incendie. — In-8° . . . . **1** »

MANUEL DES COURSES. — Dictionnaire du Turf, par le Vte H. de Mirabal, in-12 . . . . **2** »

HOMMES ET FEMMES, silhouettes humoristiques et comparées des deux sexes, par Charles Malo. — 1 beau volume in-18 . . . . **1 50**

LES FILLES DU PEUPLE, par Gabriel Prevost. — 1 volume in-8º . . . . **3** »

LES FAUBOURGS DE PARIS, par Eugène Villedieu . » **50**

LES MYSTÈRES DE LA NATURE DÉVOILÉS. Existence de Dieu et fatalisme, par M. Alexandre. — in-18 . . . **2** »

LE ROI DES SYSTÈMES. — Capital : 1,000 francs (frais de voyage compris). — Roulette, et trente-et-quarante : un million en six mois, par un joueur heureux. — La fortune assurée pour tous. — 1 vol. in-18 . . . . **2 50**

TABLE ALPHABÉTIQUE
PAR NOMS D'AUTEURS

ANONYMES. — OUVRAGES DIVERS

NOUVEAUTÉS POLITIQUES ET LITTÉRAIRES
De la Librairie E. LACHAUD.

La Guerre de 1870-1871 (histoire politique et militaire), par A. Wachter, illustrations de Darjou : 60 c. la livraison.

Paris-Imp. PAUL DUPONT